Geprüfte Schutz- und Sicherheitskraft

Band 1

Rechtsgrundlagen

Fragen, Antworten und Fallbeispiele

Bis zur 3. Aufl. von:

Klaus Oppermann

fortgeführt von:

Siegfried Hüsgen
Business Manager, Consultant und Coach
Langjähriger Ausbildungs- und Schulungsleiter
der Securitas Akademie GmbH, Düsseldorf

4., überarbeitete Auflage, 2026

BOORBERG

Autor
Siegfried Hüsgen
Inhaber der SH Siegfried Hüsgen Consulting; Business Manager, Consultant & Coach in den Bereichen Safety & Security, langjähriger Ausbildungs- und Schulungsleiter und Prokurist der Securitas Akademie GmbH in Düsseldorf; QM-Beauftragter; Personenschutzkoordinator Securitas Deutschland; Sicherheitsfachwirt (FH), Fachkraft für Arbeitssicherheit, Umweltmanagementbeauftragter; Datenschutzbeauftragter; vormals Executive Protection Specialist bei der Securitas Sicherheit & Service GmbH & Co. KG, Essen; Industriekaufmann/DV; ehemaliger Zeitsoldat der Feldjäger als Militärpolizist und stellvertretender Leiter der Personenschutzabteilung beim NATO-Oberkommando SHAPE; Zugführer Spezialausbildung an der NATO-Militärpolizeischule der Bundeswehr in Köln; stud. Rechtswissenschaften und Kriminalpsychologie an der Fernuniversität Hagen.

Bibliografische Information der Deutschen Nationalbibliothek |
Die Deutsche Nationalbibliothek verzeichnet diese Publikation in der Deutschen Nationalbibliografie; detaillierte bibliografische Daten sind im Internet über www.dnb.de abrufbar.

4. Auflage, 2026
ISBN 978-3-415-07807-9

Anfragen gemäß EU-Verordnung über die allgemeine Produktsicherheit (EU) 2023/988 (General Product Safety Regulation – GPSR) richten Sie bitte an: Richard Boorberg Verlag GmbH & Co KG, Produktsicherheit, Scharrstraße 2, 70563 Stuttgart; E-Mail: produktsicherheit@boorberg.de

Titelfoto: © pressmaster – stock.adobe.com | Satz: abavo GmbH, Nebelhornstraße 8, 86807 Buchloe | Druck und Bindung: Laupp & Göbel GmbH, Robert-Bosch-Straße 42, 72810 Gomaringen

Richard Boorberg Verlag GmbH & Co KG | Scharrstraße 2 | 70563 Stuttgart
Stuttgart | München | Hannover | Berlin | Weimar | Dresden
www.boorberg.de

Vorwort zur vierten Auflage

Angehenden und ausgebildeten Sicherheitskräften der gewerblichen Sicherheitswirtschaft soll dieses Buch bei der Aus- oder Weiterbildung (Umschulung) helfen, im Rahmen der Gefahrenabwehr für Personen und Sachen sowie der Aufrechterhaltung der betrieblichen Sicherheit und Ordnung typische Rechtsverstöße und Gefährdungssituationen in Bezug auf Personen, Institutionen und Objekte zu erkennen, im Rahmen des geltenden Rechts richtig zu bewerten und danach zu handeln.

Die praxisbezogene Auswahl der Fragen, Antworten und Fallbeispiele entsprechen dem Bedarf der Prüfung und der Praxis einer Schutz- und Sicherheitsfachkraft sowie dem überarbeiteten Rahmenplan von 2022. Sie umfassen Auszüge aus folgenden Themenfeldern:

- Rechtskunde, Verfassungsrecht und Grundgesetz
- Bürgerliches Recht (BGB)
- Materielles und formelles Strafrecht (StGB sowie Strafverfahrensrecht)
- Gewerberecht (insbesondere des Bewachungsgewerbes)
- Arbeitsschutz (insbesondere in Bezug auf die Unfallverhütungsvorschriften)
- Datenschutz
- Waffenrecht
- Umweltschutz und
- Betriebsverfassungsrecht.

Die Auswahl entspricht unter anderem auch der Verordnung über die Berufsausbildung zur Fachkraft für Schutz und Sicherheit und der Verordnung über die Berufsausbildung zur Servicekraft für Schutz und Sicherheit nebst den Rahmenlehrplänen entsprechender Beschlüsse der Kultusministerkonferenz.

Die Neuauflage dieses gefragten Fachbuches ist die Fortschreibung der 3. Auflage „Oppermann, Geprüfte Schutz- und Sicherheitskraft, Band 1 – Rechtsgrundlagen für Sicherheitsdienste, Fragen, Antworten und Fallbeispiele“.

Im **Teil I** sind die Rechtsverordnungen und andere spezielle Rechtsgrundlagen ohne Kommentar abgedruckt, um dem Leser einen Überblick zu verschaffen.

Die in den **Teilen II und III** nachfolgenden Fragen, Antworten und Falldarstellungen aus dem Themenfeld „Rechtsgrundlagen“ sind als *allgemeines Grundwissen* für angehende Fachkräfte zu verstehen, die Aufgaben in der privaten Sicherheitswirtschaft (gewerbliche Sicherheitsunternehmen und betriebliche Sicherheitseinrichtungen), insbesondere in Bewachungs-, Sicherungs- und Ordnungsdiensten, Veranstaltungs- und Verkehrsdiensten, wahrnehmen. Die Formulierungen sind deshalb – bezogen auf die Zielgruppe – vordergründig allgemein verständlich formuliert und orientieren sich nur teilweise an Definitionen der Kommentatoren und der Rechtsprechung aus dem Fachgebiet der Jurisprudenz. Da es sich **nicht** um ein „juristisches Lehrbuch“ handelt, bleiben die in Einzelfällen gegebenen *Konkurrenzen* mit anderen strafrechtlich relevanten Tatbeständen sowie Subsumtionen und Konsumtionen bei qualifizierten Delikten unberücksichtigt.

Siegfried Hüsgen

im Sommer 2025

Übersicht Band 1 und 2

Band 1

Teil I	Verordnungen und spezielle Rechtsgrundlagen für die Ausbildung und die Wahrnehmung von Bewachungsaufgaben
Teil II	Themenfeld „Rechtliche Grundlagen für Sicherheitsdienste“ – Fragen mit Antworten
Teil III	Themenfeld „Rechtliche Grundlagen für Sicherheitsdienste“ – Aufsatzthemen

Band 2

Teil I	Dienstkunde – Allgemeine Hinweise zur schriftlichen Bearbeitung einer Klausur – Fallbeispiele mit Lösungsvorschlägen – Prüfungsfragen mit Antworten
Teil II	Gefahrenabwehr sowie Einsatz von Schutz- und Sicherheitstechnik – Fallbeispiele mit Lösungsvorschlägen – Prüfungsfragen mit Antworten
Teil III	Sicherheits- und serviceorientiertes Verhalten und Handeln – Prüfungsfragen mit Antworten

Inhaltsverzeichnis

Abkürzungsverzeichnis

Abs.	Absatz
BBiG	Berufsbildungsgesetz
BDSG	Bundesdatenschutzgesetz
BetrVG	Betriebsverfassungsgesetz
BWR	Bewacherregister
BewachV	Bewachungsverordnung
BGB	Bürgerliches Gesetzbuch
BGBl.	Bundesgesetzblatt
BImSchG	Bundes-Immissionsschutzgesetz
BZRG	Bundeszentralregistergesetz
DA	Dienstanweisung
DGUV	Deutsche Gesetzliche Unfallversicherung
DIHK	Deutscher Industrie- und Handelskammertag
EU-DSGVO	Europäische Datenschutzgrundverordnung
GewO	Gewerbeordnung
GG	Grundgesetz
GSSK	Geprüfte Schutz- und Sicherheitskraft
IHK	Industrie- und Handelskammer
LDSG	Landesdatenschutzgesetz
OWiG	Gesetz über Ordnungswidrigkeiten
SGB	Sozialgesetzbuch
SGB VII	Sozialgesetzbuch Siebtes Buch
StGB	Strafgesetzbuch
StPO	Strafprozessordnung
UVV	Unfallverhütungsvorschrift
UWG	Gesetz gegen unlauteren Wettbewerb
WaffG	Waffengesetz

Teil I
Verordnungen und spezielle Rechtsgrundlagen für die Ausbildung und die Wahrnehmung von Bewachungsaufgaben

1. Verordnung über die Berufsausbildung zur Fachkraft für Schutz und Sicherheit

vom 21. Mai 2008 (BGBl. I S. 932)[1]
(Auszug)

§ 1
Staatliche Anerkennung des Ausbildungsberufes

Der Ausbildungsberuf Fachkraft für Schutz und Sicherheit wird nach § 4 Abs. 1 des Berufsbildungsgesetzes staatlich anerkannt.

§ 2
Dauer der Berufsausbildung

Die Ausbildung dauert drei Jahre.

§ 3
Ausbildungsrahmenplan, Ausbildungsberufsbild

(1) Gegenstand der Berufsausbildung sind mindestens die im Ausbildungsrahmenplan (Anlage) aufgeführten Fertigkeiten, Kenntnisse und Fähigkeiten (berufliche Handlungsfähigkeit).

Eine von dem Ausbildungsrahmenplan abweichende Organisation der Ausbildung ist insbesondere zulässig, soweit betriebspraktische Besonderheiten die Abweichung erfordern.

(2) Die Berufsausbildung zur Fachkraft für Schutz und Sicherheit gliedert sich wie folgt (Ausbildungsberufsbild):

1 Anlage zu § 3 nicht abgedruckt.

Abschnitt A
Berufsprofilgebende Fertigkeiten, Kenntnisse und Fähigkeiten:

1. Rechtsgrundlagen für Sicherheitsdienste;
2. Sicherheitsdienste:
   2.1 Sicherheitsbereiche,
   2.2 Arbeitsorganisation; Informations- und Kommunikationstechnik,
   2.3 Qualitätssichernde Maßnahmen;
3. Kommunikation und Kooperation:
   3.1 Teamarbeit und Kooperation,
   3.2 Kundenorientierte Kommunikation;
4. Schutz und Sicherheit;
5. Verhalten und Handeln bei Schutz- und Sicherheitsmaßnahmen;
6. Sicherheitstechnische Einrichtungen und Hilfsmittel;
7. Ermittlung, Aufklärung und Dokumentation;
8. Planung und betriebliche Organisation von Sicherheitsleistungen:
   8.1 Markt- und Kundenorientierung,
   8.2 Risikomanagement,
   8.3 Betriebliche Angebotserstellung,
   8.4 Auftragsbearbeitung,
   8.5 Teamgestaltung;

Abschnitt B
Integrative Fertigkeiten, Kenntnisse du Fähigkeiten:

1. Berufsbildung, Arbeits- und Tarifrecht;
2. Aufbau und Organisation des Ausbildungsbetriebes;
3. Sicherheit und Gesundheitsschutz bei der Arbeit;
4. Umweltschutz.

§ 4
Durchführung der Berufsausbildung

(1) Die in dieser Verordnung genannten Fertigkeiten, Kenntnisse und Fähigkeiten sollen so vermittelt werden, dass die Auszubildenden zur Ausübung einer qualifizierten beruflichen Tätigkeit im Sinne von § 1 Abs. 3 des Berufsbildungsgesetzes befähigt werden, die insbesondere selbstständiges Planen, Durchführen und Kontrollieren einschließt. Diese Befähigung ist auch in den Prüfungen nach den §§ 6 und 7 nachzuweisen.

(2) Die Ausbildenden haben unter Zugrundelegung des Ausbildungsrahmenplanes für die Auszubildenden einen Ausbildungsplan zu erstellen.

(3) Die Auszubildenden haben einen schriftlichen Ausbildungsnachweis zu führen.

Ihnen ist Gelegenheit zu geben, den schriftlichen Ausbildungsnachweis während der Ausbildungszeit zu führen. Die Ausbildenden haben den schriftlichen Ausbildungsnachweis regelmäßig durchzusehen.

§ 5
Abschlussprüfung

(1) Die Abschlussprüfung besteht aus den beiden zeitlich auseinanderfallenden Teilen 1 und 2.

Durch die Abschlussprüfung ist festzustellen, ob der Prüfling die berufliche Handlungsfähigkeit erworben hat. In der Abschlussprüfung soll der Prüfling nachweisen, dass er die dafür erforderlichen beruflichen Fertigkeiten beherrscht, die notwendigen beruflichen Kenntnisse und Fähigkeiten besitzt und mit dem im Berufsschulunterricht zu vermittelnden, für die Berufsausbildung wesentlichen Lehrstoff vertraut ist. Die Ausbildungsordnung ist zugrunde zu legen. Dabei sollen Qualifikationen, die bereits Gegenstand von Teil 1 der Abschlussprüfung waren, in Teil 2 der Abschlussprüfung nur insoweit einbezogen werden, als es für die Feststellung der Berufsbefähigung erforderlich ist.

(2) Bei der Ermittlung des Gesamtergebnisses wird Teil 1 der Abschlussprüfung mit 40 Prozent und Teil 2 der Abschlussprüfung mit 60 Prozent gewichtet.

§ 6
Teil 1 der Abschlussprüfung

(1) Teil 1 der Abschlussprüfung soll zum Ende des zweiten Ausbildungsjahres stattfinden.

(2) Teil der Abschlussprüfung erstreckt sich auf die in der Anlage Abschnitt A Nr. 1, 3 und 5 sowie die damit im Zusammenhang zu vermittelnden Fertigkeiten, Kenntnisse und Fähigkeiten in Abschnitt B sowie auf den im Berufsschulunterricht zu vermittelnden Lehrstoff, soweit er für die Berufsausbildung wesentlich ist.

(3) Teil 1 der Abschlussprüfung besteht aus den Prüfungsbereichen:

1. Situationsgerechtes Verhalten und Handeln,
2. Anwendung von Rechtsgrundlagen für Sicherheitsdienste.

(4) Für den Prüfungsbereich Situationsgerechtes Verhalten und Handeln bestehen folgende Vorgaben:

1. Der Prüfling soll nachweisen, dass er
   a) Gefährdungs- und Konfliktpotenziale feststellen und bewerten sowie sein Verhalten und Handeln entsprechend anpassen,
   b) Möglichkeiten der Teamarbeit und Kommunikation nutzen,
   c) Tätermotive und -verhalten beurteilen,
   d) Maßnahmen zum Eigenschutz ergreifen und Methoden der Deeskalation anwenden sowie
   e) bei Unfällen und Zwischenfällen erforderliche Hilfsmaßnahmen einleiten

   kann;
2. der Prüfling soll berufstypische Aufgaben schriftlich bearbeiten;
3. die Prüfungszeit beträgt 60 Minuten.

(5) Für den Prüfungsbereich Anwendung von Rechtsgrundlagen für Sicherheitsdienste bestehen folgende Vorgaben:

1. Der Prüfling soll nachweisen, dass er
   a) Gefährdungssituationen und Rechtsverstöße erkennen und rechtlich bewerten sowie
   b) Handlungsmöglichkeiten unter Berücksichtigung der Rechte von Personen und Institutionen darstellen

   kann;
2. der Prüfling soll berufstypische Aufgaben schriftlich bearbeiten;
3. die Prüfungszeit beträgt 90 Minuten.

§ 7
Teil 2 der Abschlussprüfung

(1) Teil 2 der Abschlussprüfung erstreckt sich auf die in der Anlage Abschnitt A und B aufgeführten Fertigkeiten, Kenntnisse und Fähigkeiten sowie auf den im Berufsschulunterricht zu vermittelnden Lehrstoff, soweit er für die Berufsausbildung wesentlich ist.

(2) Teil 2 der Abschlussprüfung besteht aus den Prüfungsbereichen:

1. Wirtschafts- und Sozialkunde,
2. Konzepte für Schutz und Sicherheit,
3. Sicherheitsorientiertes Kundengespräch.

(3) Für den Prüfungsbereich Wirtschafts- und Sozialkunde bestehen folgende Vorgaben:

1. Der Prüfling soll nachweisen, dass er allgemeine wirtschaftliche und gesellschaftliche Zusammenhänge der Berufs- und Arbeitswelt darstellen und beurteilen kann;
2. der Prüfling soll Aufgaben schriftlich bearbeiten;
3. die Prüfungszeit beträgt 60 Minuten.

(4) Für den Prüfungsbereich Konzepte für Schutz und Sicherheit bestehen folgende Vorgaben:

1. Der Prüfling soll nachweisen, dass er unter Anwendung der Rechtsgrundlagen
   a) Maßnahmen der Sicherung und präventiven Gefahrenabwehr planen, durchführen, dokumentieren und überwachen,
   b) sicherheitsrelevante Sachverhalte ermitteln und zur Aufklärung beitragen,
   c) Gefährdungspotenziale beurteilen, Risiken identifizieren, analysieren und bewerten sowie
   d) Sicherheitsleistungen auch unter Berücksichtigung von Teamarbeit planen

   kann;
2. der Prüfling soll schriftlich ein Konzept für Schutz und Sicherheit erarbeiten;
3. die Prüfungszeit für die Erarbeitung des Konzeptes beträgt 90 Minuten.

(5) Für den Prüfungsbereich Sicherheitsorientiertes Kundengespräch bestehen folgende Vorgaben:

1. Der Prüfling soll nachweisen, dass er
   a) kunden- und serviceorientiert handeln und kommunizieren,
   b) sein Konzept vorstellen und die Vorteile gegenüber alternativen Lösungen aufzeigen sowie
   c) Sicherheitsleistungen im Team qualitätssichernd organisieren

   kann;
2. ausgehend von dem nach Absatz 4 erstellten Konzept soll mit dem Prüfling eine Gesprächssimulation durchgeführt werden;
3. die Prüfungszeit für die Gesprächssimulation beträgt höchstens 30 Minuten.

§ 8
Gewichtungs- und Bestehensregelung

(1) Die einzelnen Prüfungsbereiche sind wie folgt zu gewichten:

1. Prüfungsbereich Situationsgerechtes Verhalten und Handeln
   20 Prozent,
2. Prüfungsbereich Anwendung von Rechtsgrundlagen für Sicherheitsdienste
   20 Prozent,
3. Prüfungsbereich Wirtschafts- und Sozialkunde
   10 Prozent,
4. Prüfungsbereich Konzepte für Schutz und Sicherheit
   30 Prozent,
5. Prüfungsbereich Sicherheitsorientiertes Kundengespräch
   20 Prozent.

(2) Die Abschlussprüfung ist bestanden, wenn die Leistungen

1. im Gesamtergebnis von Teil 1 und Teil 2 der Abschlussprüfung mit mindestens „ausreichend“,
2. im Prüfungsbereich Konzepte für Schutz und Sicherheit mit mindestens „ausreichend“,
3. im Ergebnis von Teil 2 der Abschlussprüfung mit mindestens „ausreichend“,
4. in mindestens einem der übrigen Prüfungsbereiche von Teil 2 der Abschlussprüfung mit mindestens „ausreichend“ und
5. in keinem Prüfungsbereich von Teil 2 der Abschlussprüfung mit „ungenügend“

   bewertet worden sind.

(3) Auf Antrag des Prüflings ist die Prüfung in einem der in Teil 2 der Abschlussprüfung mit schlechter als „ausreichend“ bewerteten Prüfungsbereiche, in denen Prüfungsleistungen mit eigener Anforderung und Gewichtung schriftlich zu erbringen sind, durch eine mündliche Prüfung von etwa 15 Minuten zu ergänzen, wenn dies für das Bestehen der Prüfung den Ausschlag geben kann. Bei der Ermittlung des Ergebnisses für diesen Prüfungsbereich sind das bisherige Ergebnis und das Ergebnis der mündlichen Ergänzungsprüfung im Verhältnis von 2 : 1 zu gewichten.

§ 9
Bestehende Berufsausbildungsverhältnisse

Berufsausbildungsverhältnisse, die bei Inkrafttreten dieser Verordnung bestehen, können unter Anrechnung der bisher zurückgelegten Ausbildungszeit nach den Vorschriften dieser Verordnung fortgesetzt werden, wenn die Vertragsparteien dies vereinbaren und noch keine Zwischenprüfung abgelegt worden ist.

§ 10
Fortsetzung der Berufsausbildung

(1) Die erfolgreich abgeschlossene Berufsausbildung im Ausbildungsberuf „Servicekraft für Schutz und Sicherheit“ kann im Ausbildungsberuf „Fachkraft für Schutz und Sicherheit“ nach den Vorschriften für das dritte Ausbildungsjahr fortgesetzt werden.

(2) Bei Fortsetzung der Berufsausbildung nach Absatz 1 gelten die in der Abschlussprüfung im Ausbildungsberuf „Servicekraft für Schutz und Sicherheit“ erzielten Leistungen in den Prüfungsbereichen „Situationsgerechtes Verhalten und Handeln“ sowie „Anwendung von Rechtsgrundlagen für Sicherheitsdienste“ als Teil 1 der Abschlussprüfung nach § 6 dieser Verordnung.

§ 11
Inkrafttreten, Außerkrafttreten

Diese Verordnung tritt am 1. August 2008 in Kraft. Gleichzeitig tritt die Verordnung über die Berufsausbildung zur Fachkraft für Schutz und Sicherheit vom 23. Juli 2002 (BGBl. I S. 2757) außer Kraft.

2. Verordnung über die Berufsausbildung zur Servicekraft für Schutz und Sicherheit

vom 21. Mai 2008 (BGBl. I S. 940)[2]
(Auszug)

§ 1
Staatliche Anerkennung des Ausbildungsberufes

Der Ausbildungsberuf Servicekraft für Schutz und Sicherheit wird nach § 4 Abs. 1 des Berufsbildungsgesetzes staatlich anerkannt.

§ 2
Dauer der Berufsausbildung

Die Ausbildung dauert zwei Jahre.

§ 3
Ausbildungsrahmenplan, Ausbildungsberufsbild

(1) Gegenstand der Berufsausbildung sind mindestens die im Ausbildungsrahmenplan (Anlage) aufgeführten Fertigkeiten, Kenntnisse und Fähigkeiten (berufliche Handlungsfähigkeit).

Eine von dem Ausbildungsrahmenplan abweichende Organisation der Ausbildung ist insbesondere zulässig, soweit betriebspraktische Besonderheiten die Abweichung erfordern.

(2) Die Berufsausbildung zur Servicekraft für Schutz und Sicherheit gliedert sich wie folgt (Ausbildungsberufsbild):

---

2 Anlage zu § 3 nicht abgedruckt.

Abschnitt A
Berufsprofilgebende Fertigkeiten, Kenntnisse und Fähigkeiten:

1. Rechtsgrundlagen für Sicherheitsdienste;
2. Sicherheitsdienste:
   2.1 Sicherheitsbereiche,
   2.2 Arbeitsorganisation; Informations- und Kommunikationstechnik,
   2.3 Qualitätssichernde Maßnahmen;
3. Kommunikation und Kooperation:
   3.1 Teamarbeit und Kooperation,
   3.2 Kundenorientierte Kommunikation;
4. Schutz und Sicherheit;
5. Verhalten und Handeln bei Schutz- und Sicherheitsmaßnahmen;
6. Sicherheitstechnische Einrichtungen und Hilfsmittel;

Abschnitt B
Integrative Fertigkeiten, Kenntnisse und Fähigkeiten:

1. Berufsbildung, Arbeits- und Tarifrecht;
2. Aufbau und Organisation des Ausbildungsbetriebes;
3. Sicherheit und Gesundheitsschutz bei der Arbeit;
4. Umweltschutz.

§ 4
Durchführung der Berufsausbildung

(1) Die in dieser Verordnung genannten Fertigkeiten, Kenntnisse und Fähigkeiten sollen so vermittelt werden, dass die Auszubildenden zur Ausübung einer qualifizierten beruflichen Tätigkeit im Sinne von § 1 Abs. 3 des Berufsbildungsgesetzes befähigt werden, die insbesondere selbstständiges Planen, Durchführen und Kontrollieren einschließt. Diese Befähigung ist auch in den Prüfungen nach den §§ 5 und 6 nachzuweisen.

(2) Die Ausbildenden haben unter Zugrundelegung des Ausbildungsrahmenplanes für die Auszubildenden einen Ausbildungsplan zu erstellen.

(3) Die Auszubildenden haben einen schriftlichen Ausbildungsnachweis zu führen.

Ihnen ist Gelegenheit zu geben, den schriftlichen Ausbildungsnachweis während der Ausbildungszeit zu führen. Die Ausbildenden haben den schriftlichen Ausbildungsnachweis regelmäßig durchzusehen.

§ 5
Zwischenprüfung

(1) Zur Ermittlung des Ausbildungsstandes ist eine Zwischenprüfung durchzuführen. Sie soll zum Anfang des zweiten Ausbildungsjahres stattfinden.

(2) Die Zwischenprüfung erstreckt sich auf die in der Anlage für das erste Ausbildungsjahr aufgeführten Fertigkeiten, Kenntnisse und Fähigkeiten sowie auf den im Berufsschulunterricht zu vermittelnden Lehrstoff, soweit er für die Berufsausbildung wesentlich ist.

(3) Die Zwischenprüfung findet im Prüfungsbereich Schutz und Sicherheit nach Absatz 4 statt.

(4) Für den Prüfungsbereich Schutz und Sicherheit bestehen folgende Vorgaben:

1. Der Prüfling soll nachweisen, dass er
   a) Gefährdungspotenziale erkennen,
   b) Maßnahmen der Sicherung durchführen und dokumentieren,
   c) sein Verhalten an sicherheitsrelevante Situationen anpassen sowie
   d) den rechtlichen Handlungsrahmen beachten

   kann;
2. der Prüfling soll berufstypische Aufgaben schriftlich bearbeiten;
3. die Prüfungszeit beträgt 90 Minuten.

§ 6
Abschlussprüfung

(1) Durch die Abschlussprüfung ist festzustellen, ob der Prüfling die berufliche Handlungsfähigkeit erworben hat. In der Abschlussprüfung soll der Prüfling nachweisen, dass er die dafür erforderlichen beruflichen Fertigkeiten beherrscht, die notwendigen beruflichen Kenntnisse und Fähigkeiten besitzt und mit dem im Berufsschulunterricht zu vermittelnden, für die Berufsausbildung wesentlichen Lehrstoff vertraut ist. Die Ausbildungsordnung ist zugrunde zu legen.

(2) Die Abschlussprüfung erstreckt sich auf die in der Anlage aufgeführten Fertigkeiten, Kenntnisse und Fähigkeiten sowie auf den im Berufsschulunterricht zu vermittelnden Lehrstoff, soweit er für die Berufsausbildung wesentlich ist.

(3) Die Abschlussprüfung besteht aus den Prüfungsbereichen:

1. Situationsgerechtes Verhalten und Handeln,
2. Anwendung von Rechtsgrundlagen für Sicherheitsdienste,
3. Wirtschafts- und Sozialkunde,
4. Durchführung von Schutz- und Sicherheitsmaßnahmen.

(4) Für den Prüfungsbereich Situationsgerechtes Verhalten und Handeln bestehen folgende Vorgaben:

1. Der Prüfling soll nachweisen, dass er
   a) Gefährdungs- und Konfliktpotenziale feststellen und bewerten sowie sein Verhalten und Handeln entsprechend anpassen,
   b) Möglichkeiten der Teamarbeit und Kommunikation nutzen,
   c) Tätermotive und -verhalten beurteilen,
   d) Maßnahmen zum Eigenschutz ergreifen und Methoden der Deeskalation anwenden sowie
   e) bei Unfällen und Zwischenfällen erforderliche Hilfsmaßnahmen einleiten

   kann;
2. der Prüfling soll berufstypische Aufgaben schriftlich bearbeiten;
3. die Prüfungszeit beträgt 60 Minuten.

(5) Für den Prüfungsbereich Anwendung von Rechtsgrundlagen für Sicherheitsdienste bestehen folgende Vorgaben:

1. Der Prüfling soll nachweisen, dass er
   a) Gefährdungssituationen und Rechtsverstöße erkennen und rechtlich bewerten sowie
   b) Handlungsmöglichkeiten unter Berücksichtigung der Rechte von Personen und Institutionen darstellen

   kann;
2. der Prüfling soll berufstypische Aufgaben schriftlich bearbeiten;
3. die Prüfungszeit beträgt 90 Minuten.

(6) Für den Prüfungsbereich Wirtschafts- und Sozialkunde bestehen folgende Vorgaben:

1. Der Prüfling soll nachweisen, dass er allgemeine wirtschaftliche und gesellschaftliche Zusammenhänge der Berufs- und Arbeitswelt darstellen und beurteilen kann;
2. der Prüfling soll Aufgaben schriftlich bearbeiten;
3. die Prüfungszeit beträgt 45 Minuten.

(7) Für den Prüfungsbereich Durchführung von Schutz- und Sicherheitsmaßnahmen bestehen folgende Vorgaben:

1. Der Prüfling soll nachweisen, dass er
   a) Gefährdungspotenziale im operativen Einsatz beurteilen,
   b) die Funktionsweise von sicherheitstechnischen Einrichtungen darstellen,
   c) Sicherheitsbestimmungen berücksichtigen sowie
   d) die Einhaltung von Arbeits-, Brand- und Umweltschutz sowie Vorschriften des Daten- und Informationsschutzes feststellen und bei Mängeln Maßnahmen einleiten

   kann;
2. der Prüfling soll berufstypische Aufgaben schriftlich bearbeiten;
3. die Prüfungszeit beträgt 45 Minuten;
4. der Prüfling soll ferner nachweisen, dass er
   a) Maßnahmen der Sicherung und präventiven Gefahrenabwehr durchführen einschließlich melden und berichten,
   b) kunden- und serviceorientiert handeln und kommunizieren sowie
   c) qualitätssichernde Maßnahmen umsetzen

   kann;
5. der Prüfling soll ein fallbezogenes Fachgespräch führen; Grundlage des Fachgesprächs ist eine von zwei von ihm durchgeführten und dokumentierten betrieblichen Aufgaben aus seinem Einsatzbereich; die Dokumentationen sollen eine Beschreibung der Aufgabenstellung, der Vorgehensweise bei der Ausführung sowie eine Bewertung des Ergebnisses beinhalten; jede Dokumentation soll drei Seiten nicht überschreiten; betriebsübliche Unterlagen sind beizufügen; die Dokumentationen sind dem Prüfungsausschuss vor der Durchführung der Prüfung zuzuleiten; hieraus wählt der Prüfungsausschuss eine aus; der Ausbildende hat zu bestätigen, dass die Aufgaben von dem Prüfling im Betrieb selbstständig durchgeführt worden sind; die Dokumentation wird nicht bewertet;
6. die Prüfungszeit für das fallbezogene Fachgespräch beträgt höchstens 20 Minuten;
7. das Ergebnis der schriftlichen Aufgabenbearbeitung ist mit 30 Prozent, das fallbezogene Fachgespräch mit 70 Prozent zu gewichten.

(8) Die einzelnen Prüfungsbereiche sind wie folgt zu gewichten:

1. Prüfungsbereich Situationsgerechtes Verhalten und Handeln
   20 Prozent,

2. Prüfungsbereich Anwendung von Rechtsgrundlagen für Sicherheitsdienste
   30 Prozent,
3. Prüfungsbereich Wirtschafts- und Sozialkunde
   10 Prozent,
4. Prüfungsbereich Durchführung von Schutz- und Sicherheitsmaßnahmen
   40 Prozent.

(9) Die Abschlussprüfung ist bestanden, wenn die Leistungen

1. im Gesamtergebnis mit mindestens „ausreichend“,
2. in dem Prüfungsbereich Anwendung von Rechtsgrundlagen für Sicherheitsdienste mit mindestens „ausreichend“,
3. in mindestens zwei der übrigen Prüfungsbereiche mit mindestens „ausreichend“ und
4. in keinem Prüfungsbereich mit „ungenügend“ bewertet worden sind.

(10) Auf Antrag des Prüflings ist die Prüfung in einem der mit schlechter als „ausreichend“ bewerteten Prüfungsbereiche, in denen Prüfungsleistungen mit eigener Anforderung und Gewichtung schriftlich zu erbringen sind, durch eine mündliche Prüfung von etwa 15 Minuten zu ergänzen, wenn dies für das Bestehen der Prüfung den Ausschlag geben kann. Bei der Ermittlung des Ergebnisses für diesen Prüfungsbereich sind das bisherige Ergebnis und das Ergebnis der mündlichen Ergänzungsprüfung im Verhältnis von 2 : 1 zu gewichten.

§ 7
Fortsetzung der Berufsausbildung

Die erfolgreich abgeschlossene Berufsausbildung im Ausbildungsberuf „Servicekraft für Schutz und Sicherheit“ kann im Ausbildungsberuf „Fachkraft für Schutz und Sicherheit“ nach den Vorschriften für das dritte Ausbildungsjahr fortgesetzt werden.

§ 8
Inkrafttreten

Diese Verordnung tritt am 1. August 2008 in Kraft.

3. Besondere Rechtsvorschriften für die Prüfung zur Geprüften Schutz- und Sicherheitskraft

Nach einer Empfehlung der DIHK haben die Industrie- und Handelskammern als zuständige Stellen nach § 54 (Fortbildungsprüfungsregelungen) bzw. § 59 (Umschulungsprüfungsregelungen) i. V. m. § 79 Abs. 4 BBiG besondere Rechtsvorschriften für die Fortbildungs- bzw. Umschulungsprüfung zur Geprüften Schutz- und Sicherheitskraft zu erlassen. Beispielhaft ist nachfolgend die Rechtsvorschrift der IHK Rostock vom 09. Juli 2018 abgedruckt.

§ 1
Ziel der Prüfung und Bezeichnung des Abschlusses

(1) Zum Nachweis von Kenntnissen, Fertigkeiten und Erfahrungen, die durch die berufliche Umschulung zur Geprüften Schutz- und Sicherheitskraft erworben worden sind, kann die zuständige Stelle Prüfungen nach den §§ 2 bis 8 durchführen.

(2) Durch die Prüfung ist festzustellen, ob die Qualifikation vorhanden ist, folgende im Zusammenhang stehende Aufgaben einer Geprüften Schutz- und Sicherheitskraft in der Sicherheitswirtschaft (gewerbliche Sicherheitsunternehmen und betriebliche Sicherheitseinrichtungen), insbesondere in Bewachungs-, Sicherungs- und Ordnungsdiensten, Veranstaltungs- und Verkehrsdiensten, wahrnehmen zu können:

1. Abwenden von Schäden und Gefahren,
2. Aufrechterhalten von Sicherheit und Ordnung,
3. Nutzen der zur Verfügung stehenden Schutz- und Sicherheitstechnik,
4. kundenorientiert handeln und kommunizieren sowie deeskalierend wirken,
5. Beurteilen der eigenen rechtlichen Stellung sowie Berücksichtigung von Gesetzen und Vorschriften.

(3) Die mit Erfolg abgelegte Prüfung führt zum anerkannten Abschluss zur Geprüften Schutz- und Sicherheitskraft.

§ 2
Zulassungsvoraussetzungen

(1) Zur Prüfung ist zuzulassen, wer Folgendes nachweist:

1. eine mit Erfolg abgelegte Abschlussprüfung in einem anerkannten Ausbildungsberuf und danach eine mindestens zweijährige Berufspraxis in der Sicherheitswirtschaft oder
2. eine mindestens fünfjährige Berufspraxis, von der mindestens drei Jahre in der Sicherheitswirtschaft abgeleistet sein müssen und
3. ein Mindestalter von 24 Jahren und
4. die Teilnahme an einem Erste-Hilfe-Lehrgang, dessen Beendigung zum Zeitpunkt der Prüfung nicht länger als 24 Monate zurückliegt.

(2) Die Berufspraxis gemäß Abs. 1 soll wesentliche Bezüge zu den Aufgaben einer Geprüften Schutz- und Sicherheitskraft entsprechend § 1 Abs. 2 haben.

(3) Abweichend von den Absätzen 1 und 2 kann zur Prüfung auch zugelassen werden, wer durch Vorlage von Zeugnissen oder auf andere Weise glaubhaft macht, dass er Kenntnisse, Fertigkeiten und Erfahrungen erworben hat, die die Zulassung zur Prüfung rechtfertigen.

§ 3
Gliederung und Durchführung der Prüfung

(1) Die Prüfung gliedert sich in folgende Handlungsbereiche in der Sicherheitswirtschaft:

1. Rechts- und aufgabenbezogenes Handeln,
2. Gefahrenabwehr sowie Einsatz von Schutz- und Sicherheitstechnik,
3. Sicherheits- und serviceorientiertes Verhalten und Handeln.

(2) Die Prüfung ist schriftlich und mündlich durchzuführen.

(3) Die schriftliche Prüfung ist in Form von zwei die Handlungsbereiche integrierende Situationsaufgaben gemäß § 4 durchzuführen. Die erste Situationsaufgabe ist so zu gestalten, dass die Qualifikationsschwerpunkte des Handlungsbereiches gemäß § 4 Abs. 1 den Schwerpunkt bilden. Die zweite Situationsaufgabe ist so zu gestalten, dass die Qualifikationsschwerpunkte des Handlungsbereichs gemäß § 4 Abs. 2 den Schwerpunkt bilden. Die Situationsaufgaben sollen darüber hinaus jeweils Qualifikationsinhalte aus den Handlungsbereichen integrativ mit berücksichtigen, die nicht den Schwerpunkt gebildet haben.

(4) Die mündliche Prüfung ist als situationsbezogenes Fachgespräch durchzuführen. Im situationsbezogenen Fachgespräch sollen die Qualifikationsschwerpunkte des Handlungsbereichs gemäß § 4 Abs. 3 den Schwerpunkt bilden. Darüber hinaus sollen Qualifikationsschwerpunkte der Handlungsbereiche gemäß § 4 Abs. 1 und 2, die nicht schriftlich geprüft wurden, mitberücksichtigt werden.

(5) Die Prüfungsdauer der schriftlichen Situationsaufgaben beträgt jeweils mindestens zwei Stunden, insgesamt jedoch nicht mehr als fünf Stunden. Das situationsbezogene Fachgespräch soll je Prüfungsteilnehmer mindestens 30 Minuten und höchstens 40 Minuten dauern.

§ 4
Anforderungen und Inhalte der Prüfung

(1) Der Handlungsbereich **„Rechts- und aufgabenbezogenes Handeln"** enthält folgende Qualifikationsschwerpunkte:

- Rechtskunde,
- Dienstkunde.

Im Qualifikationsschwerpunkt **„Rechtskunde"** soll die Fähigkeit nachgewiesen werden, die im Rahmen der Aufgabenerfüllung benötigten einschlägigen Rechtsvorschriften zu kennen und beim situationsgerechten Verhalten und Handeln zu berücksichtigen. In diesem Zusammenhang können folgende Qualifikationsinhalte geprüft werden:

1. Unterscheiden zwischen öffentlichem und privatem Recht, insbesondere in Abgrenzung zu hoheitlichen Aufgaben,
2. Berücksichtigen der Rechtsgrundlagen für die Aufgabenerfüllung sowie für die persönlich wahrzunehmenden und übertragenen Rechte in der Sicherheitswirtschaft,
3. Erkennen von Verstößen gegen das Strafrecht sowie Ableiten von Maßnahmen,
4. Beachten grundlegender Bestimmungen des Datenschutz-, Umweltschutz-, Betriebsverfassungs-, Arbeits- und Waffenrechts sowie Ableiten von Maßnahmen bei Verstößen.

Im Qualifikationsschwerpunkt **„Dienstkunde"** soll die Fähigkeit nachgewiesen werden, im Rahmen der Aufgabenerfüllung Gefahren vorzubeugen, Schäden abzuwenden und bei der Aufrechterhaltung sowie der Wiederherstellung der Sicherheit und Ordnung mitwirken zu können. In diesem Zusammenhang können folgende Qualifikationsinhalte geprüft werden:

1. Berücksichtigen der Grundsätze der Aufgabenwahrnehmung in Tätigkeitsfeldern der Sicherheitswirtschaft,
2. Berücksichtigen der Grundsätze der Aufgabenwahrnehmung und des Handelns in besonderen Situationen und am Ereignis-/Tatort,
3. Anwenden der Grundsätze der Eigensicherung,
4. Erstellen von Meldungen und Berichten.

(2) Der Handlungsbereich **„Gefahrenabwehr sowie Einsatz von Schutz- und Sicherheitstechnik“** enthält folgende Qualifikationsschwerpunkte:

- Brandschutz und sonstige Notfallmaßnahmen,
- Arbeits-, Gesundheits- und Umweltschutz,
- Einsatz von Schutz- und Sicherheitstechnik.

Im Qualifikationsschwerpunkt **„Brandschutz und sonstige Notfallmaßnahmen“** soll die Fähigkeit nachgewiesen werden, im vorbeugenden und abwehrenden Brandschutz sowie bei sonstigen Notfallmaßnahmen mitzuwirken. In diesem Zusammenhang können folgende Qualifikationsinhalte geprüft werden:

1. Anwenden der Grundsätze des vorbeugenden und abwehrenden Brandschutzes,
2. Kontrollieren und Überwachen von Einrichtungen des Brandschutzes sowie der Einhaltung von Brandschutzvorschriften,
3. Durchführen von Alarmierungsaufgaben und Mitwirken bei Räumungen, Evakuierungen sowie anderen Maßnahmen der Gefahrenabwehr.

Im Qualifikationsschwerpunkt **„Arbeits-, Gesundheits- und Umweltschutz“** soll die Fähigkeit nachgewiesen werden, im Rahmen der Aufgabenerfüllung einschlägige Gesetze, Vorschriften und Bestimmungen in der Tätigkeit umzusetzen sowie Gefahren zu erkennen und vorzubeugen. In diesem Zusammenhang können folgende Qualifikationsinhalte geprüft werden:

1. Sicherheitsgerechtes Verhalten sowie Mitwirken im Arbeits- und Gesundheitsschutz,
2. Mitwirken bei Umweltschutz,
3. Anwenden von Grundkenntnissen über Gefahrenklassen und Kennzeichnung gefährlicher Stoffe und Güter.

Im Qualifikationsschwerpunkt **„Einsatz von Schutz- und Sicherheitstechnik“** soll die Fähigkeit nachgewiesen werden, im Rahmen der Aufgabenerfüllung technische Einsatzmittel zu nutzen und die Funktion von technischen Schutz- und Sicherheitseinrichtungen zu überwachen. In diesem Zusammenhang können folgende Qualifikationsinhalte geprüft werden:

1. Nutzen technischer Einsatzmittel und Überwachen baulicher, mechanischer und elektronischer Schutz- und Sicherheitseinrichtungen,
2. Nutzen von Kommunikations-, Informations- und Dokumentationsmitteln,
3. Einsetzen von Löschmitteln und Feuerlöschgeräten,
4. Kennen der Funktionen von Feuerlöschanlagen.

(3) Der Handlungsbereich **„Sicherheits- und serviceorientiertes Verhalten und Handeln"** enthält folgende Qualifikationsschwerpunkte:

- Situationsbeurteilung und -bewältigung,
- Kommunikation,
- Kunden- und Serviceorientierung,
- Zusammenarbeit.

Im Qualifikationsschwerpunkt **„Situationsbeurteilung und -bewältigung"** soll die Fähigkeit nachgewiesen werden, im Rahmen der Aufgabenerfüllung in unterschiedlichen Situationen menschliche Verhaltensweisen einzuschätzen sowie Folgerungen für das eigene Handeln abzuleiten und umzusetzen. In diesem Zusammenhang können folgende Qualifikationsinhalte geprüft werden:

1. Kennen der Grundlagen menschlichen Verhaltens,
2. Erkennen der Wirkung der eigenen Person,
3. Erfassen der Einwirkungsmöglichkeiten auf das Verhalten anderer und Ableiten geeigneter Verhaltensmuster,
4. Anwenden von Techniken zur Konfliktvorbeugung und Deeskalation.

Im Qualifikationsschwerpunkt **„Kommunikation"** soll die Fähigkeit nachgewiesen werden, mit Menschen situationsgerecht kommunizieren zu können. In diesem Zusammenhang können folgende Qualifikationsinhalte geprüft werden:

1. Kennen der Möglichkeiten der Kommunikation,
2. Auswählen geeigneter Kommunikationsformen und -mittel,
3. situationsbezogen kommunizieren.

Im Qualifikationsschwerpunkt **„Kunden- und Serviceorientierung"** soll die Fähigkeit nachgewiesen werden, orientiert an den Interessen, Rollen und Funktionen aller Beteiligten zu handeln. In diesem Zusammenhang können folgende Qualifikationsinhalte geprüft werden:

1. Kennen der Anforderungen an einen qualitätsorientierten Sicherheitsservice,

2. Berücksichtigen der Zusammenhänge von Sicherheits- und Serviceverhalten.

Im Qualifikationsschwerpunkt **„Zusammenarbeit"** soll die Fähigkeit nachgewiesen werden, für die Aufgabenerfüllung die Bedeutung der Arbeit in und mit Gruppen zu kennen und persönliche Kenntnisse und Fähigkeiten in die gemeinsame Arbeit einzubringen. In diesem Zusammenhang können folgende Qualifikationsinhalte geprüft werden:

1. Kennen der Grundlagen der Zusammenarbeit in Teams und mit anderen Kräften,
2. Bewältigen von gemeinsamen Aufgaben durch Kommunikation und Kooperation.

§ 5
Ergänzungsprüfung

Wurde in nicht mehr als einer schriftlichen Situationsaufgabe gemäß § 3 Abs. 3 eine mangelhafte Prüfungsleistung erbracht, ist in diesem Qualifikationsschwerpunkt eine mündliche Ergänzungsprüfung anzubieten. Bei einer ungenügenden schriftlichen Prüfungsleistung besteht diese Möglichkeit nicht. Die Ergänzungsprüfung soll in der Regel nicht länger als 20 Minuten dauern. Die Bewertung der schriftlichen Prüfungsleistung und die der mündlichen Ergänzungsprüfung werden zu einer Prüfungsleistung zusammengefasst. Dabei wird die Bewertung der schriftlichen Prüfungsleistung doppelt gewichtet.

§ 6
Anrechnung anderer Prüfungsleistungen

Der Prüfungsteilnehmer kann auf Antrag von der Prüfung in einzelnen Handlungsbereichen von der zuständigen Stelle befreit werden, wenn in den letzten fünf Jahren vor Antragstellung vor einer zuständigen Stelle, einer öffentlichen oder staatlich anerkannten Bildungseinrichtung oder vor einem staatlichen Prüfungsausschuss eine Prüfung mit Erfolg abgelegt wurde, die den Anforderungen der entsprechenden Prüfungsinhalte nach diesen besonderen Rechtsvorschriften entsprechen. Eine vollständige Freistellung und eine Freistellung vom situationsbezogenen Fachgespräch gemäß § 3 Abs. 4 sind nicht zulässig.

§ 7
Bestehen der Prüfung

(1) Die Handlungsbereiche gemäß § 3 Abs. 1 sind gesondert nach Punkten zu bewerten.

(2) Die Prüfung ist bestanden, wenn der Prüfungsteilnehmer in jedem der drei Handlungsbereiche mindestens ausreichende Leistungen erbracht hat.

(3) Über das Bestehen der Prüfung ist ein Zeugnis auszustellen, das die Punktebewertung der Prüfungsleistungen in den einzelnen Handlungsbereichen ausweist. Im Falle der Freistellung gemäß § 6 sind Ort und Datum der anderweitig abgelegten Prüfung sowie die Bezeichnung des Prüfungsgremiums anzugeben.

§ 8
Wiederholung der Prüfung

(1) Eine Prüfung, die nicht bestanden ist, kann zweimal wiederholt werden.

(2) Mit dem Antrag auf Wiederholung der Prüfung wird der Prüfungsteilnehmer von einzelnen Prüfungsleistungen befreit, wenn er darin in einer vorangegangenen Prüfung mindestens ausreichende Leistungen erzielt hat und er sich innerhalb von zwei Jahren, gerechnet vom Tage der Beendigung der nicht bestandenen Prüfung an, zur Wiederholungsprüfung anmeldet.

§ 9
Inkrafttreten

Diese besondere Rechtsvorschrift tritt am Tage nach ihrer Veröffentlichung im Mitteilungsblatt der Industrie- und Handelskammer zu Rostock in Kraft.

4. Gewerbeordnung (GewO)

In der Fassung der Bekanntmachung vom 22. Februar 1999 (BGBl. I S. 202), letzte Änderung vom 27. Dezember 2024 (BGBl. I Nr. 438) (Auszug)

§ 11 b
Bewacherregister; Verordnungsermächtigung

(1) Beim Statistischen Bundesamt (Registerbehörde) wird ein Bewacherregister eingerichtet und geführt, in dem zum Zweck der Unterstützung der für den Vollzug des § 34 a zuständigen Behörden Daten zu Gewerbetreibenden nach § 34 a Absatz 1 Satz 1, Wachpersonen nach § 34 a Absatz 1 a Satz 1 und mit der Leitung des Betriebes oder einer Zweigniederlassung beauftragten Personen elektronisch auswertbar zu erfassen sind. Das Bewacherregister ist räumlich, organisatorisch und personell von den Bereichen, die Aufgaben der Bundesstatistik wahrnehmen, getrennt zu führen.

(2) Die Registerbehörde darf folgende Daten verarbeiten:

1. Daten zur Identifizierung und Erreichbarkeit des Gewerbetreibenden nach § 34 a Absatz 1 Satz 1, bei juristischen Personen der nach Gesetz, Satzung oder Gesellschaftsvertrag jeweils allein oder mit anderen zur Vertretung berufenen Personen, sowie der mit der Leitung des Betriebes oder einer Zweigniederlassung beauftragten Personen:
   a) Familienname, Geburtsname, Vornamen,
   b) Geschlecht,
   c) Geburtsdatum, Geburtsort, Staat,
   d) Staatsangehörigkeiten,
   e) Telefonnummer, E-Mail-Adresse,
   f) Meldeanschrift bestehend aus Straße, Hausnummer, Postleitzahl, Ort, Zusatz, Land, Staat und Regionalschlüssel,
   g) Wohnorte der letzten fünf Jahre bestehend aus Straße, Hausnummer, Postleitzahl, Land und Staat,
   h) Art des Ausweisdokuments mit ausstellender Behörde, ausstellendem Staat, Datum der Ausstellung, Ausweisnummer, Ablaufdatum, soweit vorhanden maschinenlesbarem Namen sowie Inhalt der maschinenlesbaren Zone,

i) sofern der Gewerbetreibende eine juristische Person ist:
   aa) Rechtsform, Registerart, soweit vorhanden im Register eingetragener Name nebst Registernummer, Registergericht oder ausländische Registernummer und Registerbehörde,
   bb) Betriebliche Anschrift des Sitzes der juristischen Person,
   cc) Telefonnummer und E-Mail-Adresse der juristischen Person,
2. Daten zur Identifizierung und Erreichbarkeit des Gewerbebetriebes:
   a) Geschäftsbezeichnung,
   b) Rechtsform, Registerart, soweit vorhanden im Register eingetragener Name nebst Registernummer, Registergericht oder ausländische Registernummer und Registerbehörde,
   c) Betriebliche Anschrift von Hauptniederlassung und sonstigen Betriebsstätten,
   d) Telefonnummer, E-Mail-Adresse,
3. Daten zur Identifizierung und Erreichbarkeit von Wachpersonen nach § 34a Absatz 1a Satz 1:
   a) Familienname, Geburtsname, Vornamen,
   b) Geschlecht,
   c) Geburtsdatum, Geburtsort, Geburtsland,
   d) Staatsangehörigkeiten,
   e) Meldeanschrift bestehend aus Straße, Hausnummer, Postleitzahl, Ort, Zusatz, Land, Staat und Regionalschlüssel,
   f) Wohnorte der letzten fünf Jahre bestehend aus Straße, Hausnummer, Postleitzahl, Land und Staat,
   g) Art des Ausweisdokuments mit ausstellender Behörde, ausstellendem Staat, Datum der Ausstellung, Ausweisnummer, Ablaufdatum, soweit vorhanden maschinenlesbarem Namen sowie Inhalt der maschinenlesbaren Zone,
4. den Umfang und das Erlöschen der Erlaubnis nach § 34a Absatz 1 Satz 1 einschließlich des Datums der Erlaubniserteilung und des Erlöschens, der Angabe der Kontaktdaten der zuständigen Erlaubnisbehörde sowie den Stand des Erlaubnisverfahrens,
5. die Anzeige eines Gewerbetreibenden nach § 13a über die vorübergehende Erbringung von Bewachungstätigkeiten in Deutschland nebst den Daten nach den Nummern 1 bis 3, soweit diese Daten mit der Anzeige zu übermitteln sind,
6. die Angabe der Tätigkeit der Wachperson nach § 34a Absatz 1a Satz 2 und 5,
7. Untersagung der Beschäftigung nach § 34a Absatz 4,

8. Daten zur Überprüfung der Zuverlässigkeit nach § 34 a Absatz 1 Satz 3 Nummer 1, auch in Verbindung mit § 34 a Absatz 1 a Satz 1 Nummer 1:
   a) Datum, Art und Ergebnis der Überprüfung,
   b) Stand des Überprüfungsprozesses der Zuverlässigkeit,
   c) Datum der Bestands- oder Rechtskraft der Entscheidung,
9. die in Nummer 1 genannten Daten des Gewerbetreibenden, der eine Wachperson zur Überprüfung der Zuverlässigkeit anmeldet,
10. Daten zu Sachkunde- und Unterrichtungsnachweisen der Industrie- und Handelskammern:
    a) Art der erworbenen Qualifikation,
    b) bei Unterrichtungsnachweisen der Unterrichtungszeitraum, bei Sachkundenachweisen das Datum der Sachkundeprüfung,
    c) Ausstellungsdatum des Qualifikationsnachweises, Angabe der Identifikationsnummer der ausstellenden Industrie- und Handelskammer, auf dem Qualifikationsnachweis angegebener Familienname, Vornamen, Geburtsdatum und Geburtsort,
    d) soweit vorhanden ein Validierungscode der Industrie- und Handelskammer,
    e) Datum und Inhalt der Rückmeldung aus der elektronischen Abfrage über die Schnittstelle zu der in § 32 des Umweltauditgesetzes bezeichneten gemeinsamen Stelle,
11. Daten zu Qualifikationsnachweisen von Gewerbetreibenden, bei juristischen Personen der nach Gesetz, Satzung oder Gesellschaftsvertrag jeweils allein oder mit anderen zur Vertretung berufenen Personen, der mit der Leitung des Betriebes oder einer Zweigniederlassung beauftragten Personen sowie Wachpersonen, die dem Sachkunde- oder Unterrichtungsnachweis gleichgestellt wurden:
    a) Art der erworbenen Qualifikation,
    b) Unterrichtungszeitraum,
    c) Ausstellungsdatum des Qualifikationsnachweises, Angabe der Kontaktdaten der ausstellenden Stelle, auf dem Qualifikationsnachweis angegebener Familienname, Vornamen, Geburtsdatum und Geburtsort,
    d) Bescheinigungen des Gewerbetreibenden nach § 23 Absatz 1 Satz 2 und Absatz 2 Satz 2 der Bewachungsverordnung,
12. Daten aus der Schnittstelle des Bewacherregisters zum Bundesamt für Verfassungsschutz nach § 34 a Absatz 1 Satz 5 Nummer 4:
    a) meldendes Landesamt für Verfassungsschutz,
    b) Datum der Meldung sowie
    c) Angabe, ob Erkenntnisse vorliegen,

13. Daten zur Identifikation und Erreichbarkeit der für den Vollzug des § 34a zuständigen Behörden:
    a) Name,
    b) Anschrift,
    c) Kurzbezeichnung,
    d) Land,
    e) Telefonnummer, E-Mail-Adresse,
    f) Regionalschlüssel.

(3) Die Registerbehörde darf Statusangaben zum Ablauf der Verfahren sowie die für den Vollzug des § 34a notwendigen Verknüpfungen aus den Daten nach Absatz 2 und die durch das Register vergebenen Identifikationsnummern für die Datenobjekte speichern. Die Identifikationsnummern enthalten keine personenbezogenen Angaben und werden den Datensätzen zugeordnet.

(4) Die Industrie- und Handelskammern stellen Daten nach Absatz 2 Nummer 10 in Bezug auf Qualifikationsnachweise, die nach dem 1. Januar 2009 ausgestellt wurden, über die in § 32 Absatz 2 Satz 1 des Umweltauditgesetzes bezeichnete gemeinsame Stelle elektronisch zum Abruf für die Registerbehörde bereit. Die Industrie- und Handelskammern dürfen Daten nach Absatz 2 Nummer 10 in Bezug auf Qualifikationsnachweise, die vor dem 1. Januar 2009 ausgestellt wurden, elektronisch zum Abruf bereitstellen. Bei Abfragen durch das Bewacherregister, die sich auf Qualifikationsnachweise vor dem 1. Januar 2009 beziehen, müssen die Daten nacherfasst werden. Dabei üben die zuständigen obersten Landesbehörden die Aufsicht über die Industrie- und Handelskammern aus.

(5) Zum Zweck der Anmeldung von Wachpersonen und der mit der Leitung des Betriebes oder einer Zweigniederlassung beauftragten Personen hat der Gewerbetreibende die Vorder- und Rückseite des Ausweisdokuments der anzumeldenden Person in gut lesbarer Fassung vollständig optisch digital erfasst im Onlineportal des Registers hochzuladen. Zu diesem Zweck darf der Gewerbetreibende eine Kopie des Ausweisdokuments anfertigen. Der Gewerbetreibende ist verpflichtet, die Kopie, auch in digitaler Form, unverzüglich nach dem Hochladen in das Register zu vernichten. Die in das Register hochgeladene optisch digital erfasste Kopie wird nach Prüfung durch die für den Vollzug des § 34a zuständigen Behörden, spätestens nach Bestands- oder Rechtskraft der Entscheidung über die Zuverlässigkeit, von der Registerbehörde gelöscht.

(6) Die für den Vollzug des § 34a zuständigen Behörden sind verpflichtet, nach Maßgabe des Satzes 2 der Registerbehörde im Anschluss an ein in Absatz 7 bezeichnetes die Speicherung begründendes Ereignis unverzüglich

die nach Absatz 2 zu speichernden oder zu einer Änderung oder Löschung einer Eintragung im Register führenden Daten zu übermitteln. Zu diesem Zweck hat der Gewerbetreibende der an seinem Betriebssitz für den Vollzug des § 34a zuständigen Behörde Änderungen der Daten nach Absatz 2 Nummer 1, 2, 10 und 11, ausgenommen die Daten zu den mit der Leitung des Betriebes oder einer Zweigniederlassung beauftragten Personen, unverzüglich, spätestens 14 Tage nach dem Erlangen der Kenntnis der Änderungen, mitzuteilen. Änderungen betreffend Daten zu Wachpersonen nach Absatz 2 Nummer 3, 6, 10 und 11 sowie zu den mit der Leitung des Betriebes oder einer Zweigniederlassung beauftragten Personen nach Absatz 2 Nummer 1, 10 und 11 hat der Gewerbetreibende unverzüglich, spätestens 14 Tage nach dem Erlangen der Kenntnis der Änderungen, über das Bewacherregister mitzuteilen. Zu diesem Zweck ist der Gewerbetreibende berechtigt, Änderungen betreffend Daten nach den Sätzen 2 und 3 zu erheben und

1. im Falle des Satzes 2 an die für den Vollzug des § 34a zuständige Behörde und
2. im Falle des Satzes 3 an die Registerbehörde

zum Zwecke der Speicherung zu übermitteln. Der Gewerbetreibende hat Wachpersonen und mit der Leitung eines Betriebes oder einer Zweigniederlassung beauftragte Personen sechs Wochen nach Beendigung des Beschäftigungsverhältnisses über das Bewacherregister bei der für den Vollzug des § 34a zuständigen Behörde abzumelden.

(7) Im Bewacherregister sind die Daten aus den folgenden Anlässen zu speichern:

1. Beantragen oder Erteilen einer Erlaubnis nach § 34a Absatz 1 Satz 1,
2. Versagen oder Erlöschen einer Erlaubnis nach § 34a Absatz 1 Satz 1,
3. Untersagen der Beschäftigung nach § 34a Absatz 4,
4. Anmelden und Abmelden von Wachpersonen und mit der Leitung des Betriebes oder einer Zweigniederlassung beauftragter Personen,
5. Melden von Datenänderungen durch den Gewerbetreibenden gegenüber der für den Vollzug des § 34a zuständigen Behörde nach Absatz 6 Satz 2 oder dem Bewacherregister nach Absatz 6 Satz 3,
6. Überprüfen der Zuverlässigkeit im Rahmen der Regelüberprüfung nach spätestens fünf Jahren von Gewerbetreibenden und gesetzlichen Vertretern juristischer Personen nach § 34a Absatz 1 Satz 10 sowie Wachpersonen nach § 34a Absatz 1a Satz 7 und mit der Leitung des Betriebes oder einer Zweigniederlassung beauftragter Personen,
7. Überprüfen aufgrund eines Nachberichts durch die zuständigen Verfassungsschutzbehörden und Polizeibehörden nach § 34a Absatz 1b Satz 1.

(8) Die Registerbehörde löscht auf Veranlassung der für den Vollzug des § 34a zuständigen Behörden die im Bewacherregister gespeicherten Daten:

1. in den Fällen des Absatzes 7 Nummer 1 bei eingetragener Beantragung der Erlaubnis und begonnener Prüfung, sechs Monate nach Rücknahme des Antrags auf Erlaubnis,
2. in den Fällen des Absatzes 7 Nummer 2 betreffend eine versagte oder zurückgenommene oder widerrufene Erlaubnis durch Überschreibung der Daten bei erneuter Beantragung und Erteilung der Erlaubnis, spätestens nach fünf Jahren; bei Erlöschen der Erlaubnis durch Verzicht oder Tod oder Untergang der juristischen Person, sechs Monate nach Erlöschen der Erlaubnis; bei Verzicht während eines Rücknahmeverfahrens oder Widerrufsverfahrens wegen Unzuverlässigkeit, wenn der Verzicht durch eine spätere Entscheidung gegenstandslos wird,
3. in den Fällen des Absatzes 7 Nummer 3 durch Überschreiben der Daten bei einer zeitlich nachfolgenden Feststellung der Zuverlässigkeit,
4. in den Fällen des Absatzes 7 Nummer 4 bei Anmeldungen betreffend Wachpersonen oder mit der Leitung des Betriebes oder einer Zweigniederlassung beauftragten Personen die Wohnorte der letzten fünf Jahre nach der Entscheidung über die Zuverlässigkeit der Wachpersonen oder der mit der Leitung des Betriebes oder einer Zweigniederlassung beauftragten Personen,
5. in den Fällen des Absatzes 7 Nummer 4 bei Abmeldungen betreffend Wachpersonen und mit der Leitung des Betriebes oder einer Zweigniederlassung beauftragten Personen ein Jahr nach Abmeldung des letzten für die natürliche Person gemeldeten Beschäftigungsverhältnisses im Register,
6. in den Fällen des Absatzes 7 Nummer 5 bei Meldung von Änderungen betreffend Daten nach Absatz 2 Nummer 1, 2, 3, 6, 10 und 11 durch Überschreiben der bisherigen Einträge im Register,
7. in den Fällen des Absatzes 7 Nummer 6 bei Unzuverlässigkeit des Gewerbetreibenden, gesetzlicher Vertreter bei juristischen Personen, von mit der Leitung des Betriebes oder einer Zweigniederlassung beauftragten Personen sowie Wachpersonen, durch Überschreiben der Daten nach Absatz 2 Nummer 7 bei späterer Feststellung der Zuverlässigkeit im Rahmen eines neuen Erlaubnis- oder Anmeldeverfahrens, spätestens nach fünf Jahren, und
8. in den Fällen des Absatzes 7 Nummer 7 bei Unzuverlässigkeit des Gewerbetreibenden, der gesetzlichen Vertreter juristischer Personen, von mit der Leitung des Betriebes oder einer Zweigniederlassung beauftrag-

ten Personen sowie Wachpersonen, durch Überschreiben der Daten nach Absatz 2 Nummer 7 bei späterer Feststellung der Zuverlässigkeit im Rahmen eines neuen Erlaubnis- oder Anmeldeverfahrens, spätestens nach fünf Jahren.

(9) Das Bundesministerium des Innern und für Heimat wird ermächtigt, im Einvernehmen mit dem Bundesministerium für Wirtschaft und Klimaschutz, durch Rechtsverordnung mit Zustimmung des Bundesrates die Einzelheiten zu regeln:

1. zu den Datensätzen, die nach Absatz 2 gespeichert werden, sowie zur Datenverarbeitung,
2. zur Einrichtung und Führung des Registers,
3. zum Verfahren der Datenübermittlung an die Registerbehörde, insbesondere durch die für den Vollzug des § 34 a zuständigen Behörden und durch die Gewerbetreibenden, sowie der Datenübermittlung durch die Registerbehörde, insbesondere an die für den Vollzug des § 34 a zuständigen Behörden,
4. zur Verwendung elektronischer Schnittstellen des Registers, der Schnittstelle zum Verfassungsschutz, zum Deutschen Industrie- und Handelskammertag e. V. und zu Fachverfahren der für den Vollzug des § 34 a zuständigen Behörden,
5. zum Verfahren des automatisierten Datenabrufs aus dem Register,
6. zum Datenschutz und der Datensicherheit nebst Protokollierungspflicht der Registerbehörde.

§ 34 a
Bewachungsgewerbe; Verordnungsermächtigung

(1) Wer gewerbsmäßig Leben oder Eigentum fremder Personen bewachen will (Bewachungsgewerbe), bedarf der Erlaubnis der zuständigen Behörde. Die Erlaubnis kann mit Auflagen verbunden werden, soweit dies zum Schutz der Allgemeinheit oder der Auftraggeber erforderlich ist; unter denselben Voraussetzungen sind auch die nachträgliche Aufnahme, Änderung und Ergänzung von Auflagen zulässig. Die Erlaubnis ist zu versagen, wenn

1. Tatsachen die Annahme rechtfertigen, dass der Antragsteller oder eine der mit der Leitung des Betriebes oder einer Zweigniederlassung beauftragten Personen die für den Gewerbebetrieb erforderliche Zuverlässigkeit nicht besitzt,
2. der Antragsteller in ungeordneten Vermögensverhältnissen lebt,

3. der Antragsteller oder eine mit der Leitung des Betriebes oder einer Zweigniederlassung beauftragte Person nicht durch eine vor der Industrie- und Handelskammer erfolgreich abgelegte Prüfung nachweist, dass er die für die Ausübung des Bewachungsgewerbes notwendige Sachkunde über die rechtlichen und fachlichen Grundlagen besitzt; für juristische Personen gilt dies für die gesetzlichen Vertreter, soweit sie mit der Durchführung von Bewachungsaufgaben direkt befasst sind oder keine mit der Leitung des Betriebes oder einer Zweigniederlassung beauftragte Person einen Sachkundenachweis hat, oder
4. der Antragsteller den Nachweis einer Haftpflichtversicherung nicht erbringt.

Die erforderliche Zuverlässigkeit liegt in der Regel nicht vor, wenn der Antragsteller oder eine der mit der Leitung des Betriebes oder einer Zweigniederlassung beauftragten Person

1. Mitglied in einem Verein, der nach dem Vereinsgesetz als Organisation unanfechtbar verboten wurde oder der einem unanfechtbaren Betätigungsverbot nach dem Vereinsgesetz unterliegt, war und seit der Beendigung der Mitgliedschaft zehn Jahre noch nicht verstrichen sind,
2. Mitglied in einer Partei, deren Verfassungswidrigkeit das Bundesverfassungsgericht nach § 46 des Bundesverfassungsgerichtsgesetzes in der Fassung der Bekanntmachung vom 11. August 1993 (BGBl. I S. 1473), das zuletzt durch Artikel 8 der Verordnung vom 31. August 2015 (BGBl. I S. 1474) geändert worden ist, festgestellt hat, war und seit der Beendigung der Mitgliedschaft zehn Jahre noch nicht verstrichen sind,
3. einzeln oder als Mitglied einer Vereinigung Bestrebungen und Tätigkeiten im Sinne des § 3 Absatz 1 des Bundesverfassungsschutzgesetzes vom 20. Dezember 1990 (BGBl. I S. 2954, 2970), das zuletzt durch Artikel 1 des Gesetzes vom 26. Juli 2016 (BGBl. I S. 1818) geändert worden ist, verfolgt oder unterstützt oder in den letzten fünf Jahren verfolgt oder unterstützt hat,
4. in den letzten fünf Jahren vor Stellung des Antrags wegen Versuchs oder Vollendung einer der nachstehend aufgeführten Straftaten zu einer Freiheitsstrafe, Jugendstrafe, Geldstrafe von mindestens 90 Tagessätzen oder mindestens zweimal zu einer geringeren Geldstrafe rechtskräftig verurteilt worden ist oder bei dem die Verhängung von Jugendstrafe ausgesetzt worden ist, wenn seit dem Eintritt der Rechtskraft der letzten Verurteilung fünf Jahre noch nicht verstrichen sind:
   a) Verbrechen im Sinne von § 12 Absatz 1 des Strafgesetzbuches,

b) Straftat gegen die sexuelle Selbstbestimmung, des Menschenhandels oder der Förderung des Menschenhandels, der vorsätzlichen Körperverletzung, Freiheitsberaubung, des Diebstahls, der Unterschlagung, Erpressung, des Betrugs, der Untreue, Hehlerei, Urkundenfälschung, des Landfriedensbruchs oder Hausfriedensbruchs oder des Widerstands gegen oder des tätlichen Angriffs auf Vollstreckungsbeamte oder gegen oder auf Personen, die Vollstreckungsbeamten gleichstehen,
c) Vergehen gegen das Betäubungsmittelgesetz, Arzneimittelgesetz, Waffengesetz, Sprengstoffgesetz, Aufenthaltsgesetz, Arbeitnehmerüberlassungsgesetz oder das Schwarzarbeitsbekämpfungsgesetz oder
d) staatsschutzgefährdende oder gemeingefährliche Straftat.

Zur Überprüfung der Zuverlässigkeit hat die Behörde mindestens einzuholen:

1. eine Auskunft aus dem Gewerbezentralregister nach § 150 Absatz 1,
2. eine unbeschränkte Auskunft nach § 41 Absatz 1 Nummer 9 des Bundeszentralregistergesetzes,
3. eine Stellungnahme der für den Wohnort zuständigen Behörde der Landespolizei, einer zentralen Polizeidienststelle oder des jeweils zuständigen Landeskriminalamts, ob und welche tatsächlichen Anhaltspunkte bekannt sind, die Bedenken gegen die Zuverlässigkeit begründen können, soweit Zwecke der Strafverfolgung oder Gefahrenabwehr einer Übermittlung der tatsächlichen Anhaltspunkte nicht entgegenstehen und
4. über die Schnittstelle des Bewacherregisters zum Bundesamt für Verfassungsschutz nach § 11b eine Stellungnahme der für den Sitz der zuständigen Behörde zuständigen Landesbehörde für Verfassungsschutz zu Erkenntnissen, die für die Beurteilung der Zuverlässigkeit von Bedeutung sein können.

Die zuständige Behörde darf die übermittelten Daten verarbeiten, soweit dies zur Erfüllung ihrer gesetzlichen Aufgaben der Überwachung der Gewerbetreibenden erforderlich ist. Übermittlungsregelungen nach anderen Gesetzen bleiben unberührt. § 1 des Sicherheitsüberprüfungsgesetzes vom 20. April 1994 (BGBl. I S. 867), das zuletzt durch Artikel 4 des Gesetzes vom 18. Juli 2017 (BGBl. I S. 2732) geändert worden ist, bleibt unberührt. Haben sich der Antragsteller oder eine der mit der Leitung des Betriebes oder einer Zweigniederlassung beauftragten Personen während der letzten drei Jahre vor der Überprüfung der Zuverlässigkeit nicht im Inland oder einem anderen Mitgliedstaat der Europäischen Union oder einem anderen Vertragsstaat des Abkommens über den Europäischen

Wirtschaftsraum aufgehalten und kann ihre Zuverlässigkeit deshalb nicht oder nicht ausreichend nach Satz 5 festgestellt werden, so ist die Erlaubnis nach Absatz 1 zu versagen. Die zuständige Behörde hat den Gewerbetreibenden und die mit der Leitung des Betriebes oder einer Zweigniederlassung beauftragten Personen in regelmäßigen Abständen, spätestens jedoch nach Ablauf von fünf Jahren, auf ihre Zuverlässigkeit zu überprüfen.

(1 a) Der Gewerbetreibende darf mit der Durchführung von Bewachungsaufgaben nur Personen (Wachpersonen) beschäftigen, die

1. die erforderliche Zuverlässigkeit besitzen und
2. durch eine Bescheinigung der Industrie- und Handelskammer nachweisen, dass sie über die für die Ausübung des Gewerbes notwendigen rechtlichen und fachlichen Grundlagen unterrichtet worden sind und mit ihnen vertraut sind.

Für die Durchführung folgender Tätigkeiten ist zusätzlich zu den Anforderungen des Satzes 1 Nummer 1 der Nachweis einer vor der Industrie- und Handelskammer erfolgreich abgelegten Sachkundeprüfung erforderlich:

1. Kontrollgänge im öffentlichen Verkehrsraum oder in Hausrechtsbereichen mit tatsächlich öffentlichem Verkehr,
2. Schutz vor Ladendieben,
3. Bewachungen im Einlassbereich von gastgewerblichen Diskotheken,
4. Bewachungen von Aufnahmeeinrichtungen nach § 44 des Asylgesetzes in der Fassung der Bekanntmachung vom 2. September 2008 (BGBl. I S. 1798), das zuletzt durch Artikel 6 des Gesetzes vom 31. Juli 2016 (BGBl. I S. 1939) geändert worden ist, von Gemeinschaftsunterkünften nach § 53 des Asylgesetzes oder anderen Immobilien und Einrichtungen, die der auch vorübergehenden amtlichen Unterbringung von Asylsuchenden oder Flüchtlingen dienen, in leitender Funktion,
5. Bewachungen von zugangsgeschützten Großveranstaltungen in leitender Funktion.

Zur Überprüfung der Zuverlässigkeit einer Wachperson und einer mit der Leitung des Betriebes oder einer Zweigniederlassung beauftragten Person hat die am Hauptwohnsitz der natürlichen Person für den Vollzug nach Landesrecht zuständige Behörde mindestens eine unbeschränkte Auskunft nach § 41 Absatz 1 Nummer 9 des Bundeszentralregistergesetzes sowie eine Stellungnahme der für den Wohnort zuständigen Behörde der Landespolizei, einer zentralen Polizeidienststelle oder dem jeweils zuständigen Landeskriminalamt einzuholen, ob und welche tatsächlichen

Anhaltspunkte bekannt sind, die Bedenken gegen die Zuverlässigkeit begründen können, soweit Zwecke der Strafverfolgung oder Gefahrenabwehr einer Übermittlung der tatsächlichen Anhaltspunkte nicht entgegen stehen. Bei Wachpersonen und mit der Leitung des Betriebes oder einer Zweigniederlassung beauftragten Personen ohne einen Hauptwohnsitz in der Bundesrepublik Deutschland ist die Zuverlässigkeit durch die für den Vollzug zuständige Behörde am Betriebssitz des Gewerbetreibenden, welcher die natürliche Person als erster anmeldet, zu überprüfen. Absatz 1 Satz 5 Nummer 4 ist entsprechend anzuwenden bei Wachpersonen, die eine der folgenden Aufgaben wahrnehmen sollen:

1. Bewachungen nach Satz 2 Nummer 4 und 5, auch in nicht leitender Funktion, oder
2. Schutzaufgaben im befriedeten Besitztum bei Objekten, von denen im Fall eines kriminellen Eingriffs eine besondere Gefahr für die Allgemeinheit ausgehen kann.

Satz 5 gilt auch nach Aufnahme der Tätigkeit einer Wachperson. Absatz 1 Satz 4, 6 bis 10 ist entsprechend anzuwenden.

(1 b) Werden der zuständigen Landesbehörde für Verfassungsschutz im Nachhinein Informationen bekannt, die für die Beurteilung der Zuverlässigkeit einer der in Absatz 1 und Absatz 1 a Satz 5 Nummer 1 und 2 genannten Personen von Bedeutung sind, übermittelt sie diese der zuständigen Behörde nach den für die Informationsübermittlung geltenden Regelungen der Verfassungsschutzgesetze (Nachbericht). Zu diesem Zweck darf die Verfassungsschutzbehörde Name, Vornamen, Geburtsname, Geburtsdatum, Geschlecht, Geburtsort, Geburtsland, Wohnort und gegenwärtige Staatsangehörigkeit und Doppel- oder frühere Staatsangehörigkeiten der betroffenen Person sowie die Aktenfundstelle verarbeiten, einschließlich einer Verarbeitung mit ihrer Aktenfundstelle in den gemeinsamen Dateien nach § 6 Absatz 2 des Bundesverfassungsschutzgesetzes. Die im Rahmen der Überprüfung der Zuverlässigkeit verarbeiteten personenbezogenen Daten der in Absatz 1 und Absatz 1 a Satz 5 Nummer 1 und 2 genannten Personen sind spätestens nach fünf Jahren von der Verfassungsschutzbehörde zu löschen. Sollte die Verfassungsschutzbehörde vorher von einer Versagung, Rücknahme, einem Erlöschen oder Widerruf der Erlaubnis durch die zuständige Behörde Kenntnis erlangen, hat sie die im Rahmen der Überprüfung der Zuverlässigkeit gespeicherten personenbezogenen Daten der in Absatz 1 genannten Personen spätestens sechs Monate nach Kenntniserlangung zu löschen. Die Sätze 1 bis 4 sind entsprechend anzuwenden für die nach Absatz 1 Satz 5 Nummer 3 und Absatz 1 a Satz 3 beteiligten Polizeibehörden.

(2) Das Bundesministerium des Innern und für Heimat kann mit Zustimmung des Bundesrates durch Rechtsverordnung

1. die für die Entscheidung über eine Erlaubnis nach Absatz 1 Satz 1 erforderlichen vom Antragsteller bei der Antragsstellung anzugebenden Daten und beizufügenden Unterlagen bestimmen,
2. die Anforderungen und das Verfahren für den Unterrichtungsnachweis nach Absatz 1a Satz 1 sowie Ausnahmen von der Erforderlichkeit des Unterrichtungsnachweises festlegen,
3. die Anforderungen und das Verfahren für eine Sachkundeprüfung nach Absatz 1 Satz 3 Nummer 3 und Absatz 1a Satz 2 sowie Ausnahmen von der Erforderlichkeit der Sachkundeprüfung festlegen und
4. zum Schutze der Allgemeinheit und der Auftraggeber Vorschriften erlassen über den Umfang der Befugnisse und Verpflichtungen bei der Ausübung des Bewachungsgewerbes, insbesondere über
   a) den Geltungsbereich der Erlaubnis,
   b) die Pflichten des Gewerbetreibenden bei der Einstellung und Entlassung der im Bewachungsgewerbe beschäftigten Personen, über die Aufzeichnung von Daten dieser Personen durch den Gewerbetreibenden und ihre Übermittlung an die für den Vollzug des § 34a zuständigen Behörden, über die Anforderungen, denen diese Personen genügen müssen, sowie über die Durchführung des Wachdienstes,
   c) die Verpflichtung zum Abschluß einer Haftpflichtversicherung, zur Buchführung einschließlich der Aufzeichnung von Daten über einzelne Geschäftsvorgänge sowie über die Auftraggeber,
   d) weggefallen
5. zum Schutz der Allgemeinheit und der Auftraggeber Vorschriften erlassen über die Unterrichtung der für den Vollzug des § 34a zuständigen Behörden durch Gerichte und Staatsanwaltschaften über rechtliche Maßnahmen gegen Gewerbetreibende und ihre Wachpersonen,
6. die Anforderungen und Verfahren festlegen, die zur Durchführung der Richtlinie 2005/36/EG des Europäischen Parlaments und des Rates vom 7. September 2005 über die Anerkennung von Berufsqualifikationen (ABl. L 255 vom 30.9.2005, S. 22), die zuletzt durch die Richtlinie 2013/55/EU (ABl. L 354 vom 28.12.2013, S. 132) geändert worden ist, Anwendung finden sollen auf Inhaber von in einem Mitgliedstaat der Europäischen Union oder eines Vertragsstaates des Abkommens über den Europäischen Wirtschaftsraum erworbenen Berufsqualifikationen, die im Inland das Bewachungsgewerbe vorübergehend oder dauerhaft ausüben möchten,

7. Einzelheiten der regelmäßigen Überprüfung der Zuverlässigkeit nach Absatz 1 Satz 10, auch in Verbindung mit Absatz 1a Satz 7, festlegen,
8. Einzelheiten zur örtlichen Zuständigkeit für den Vollzug regeln, insbesondere die Zuständigkeit für die Überprüfung der Zuverlässigkeit und erforderlichen Qualifikation.

(3) Nach Einholung der unbeschränkten Auskünfte nach § 41 Absatz 1 Nummer 9 des Bundeszentralregistergesetzes zur Überprüfung der Zuverlässigkeit können die zuständigen Behörden das Ergebnis der Überprüfung einschließlich der für die Beurteilung der Zuverlässigkeit erforderlichen Daten an den Gewerbetreibenden übermitteln.

(4) Die Beschäftigung einer Person, die in einem Bewachungsunternehmen mit Bewachungsaufgaben beschäftigt ist, oder einer mit der Leitung des Betriebes oder einer Zweigniederlassung beauftragten Person kann dem Gewerbetreibenden untersagt werden, wenn Tatsachen die Annahme rechtfertigen, dass die Person die für ihre Tätigkeit erforderliche Zuverlässigkeit nicht besitzt.

(5) Der Gewerbetreibende und seine Beschäftigten dürfen bei der Durchführung von Bewachungsaufgaben gegenüber Dritten nur die Rechte, die Jedermann im Falle einer Notwehr, eines Notstandes oder einer Selbsthilfe zustehen, die ihnen vom jeweiligen Auftraggeber vertraglich übertragenen Selbsthilferechte sowie die ihnen gegebenenfalls in Fällen gesetzlicher Übertragung zustehenden Befugnisse eigenverantwortlich ausüben. In den Fällen der Inanspruchnahme dieser Rechte und Befugnisse ist der Grundsatz der Erforderlichkeit zu beachten.

(6) weggefallen

5. Verordnung über das Bewachungsgewerbe (Bewachungsverordnung – BewachV)

vom 3. Mai 2019 (BGBl. I S. 692), letzte Änderung vom 24. Juni 2019 (BGBl. I S. 882)
(Auszug)

Abschnitt 1
Zuständigkeit, Unterrichtung in Strafsachen, Antragstellung

§ 1
Örtliche Zuständigkeit

(1) § 34a der Gewerbeordnung wird für Gewerbetreibende sowie mit der Leitung des Betriebs oder einer Zweigniederlassung beauftragte Personen im Sinne des § 34a Absatz 1a Satz 3 der Gewerbeordnung durch die zuständige Behörde vollzogen, in deren Bezirk das Unternehmen oder im Falle von Niederlassungen die Hauptniederlassung betrieben wird oder werden soll.

(2) § 34a der Gewerbeordnung wird für Wachpersonen durch diejenige Behörde vollzogen, die am Hauptwohnsitz der natürlichen Person zuständig ist. Ist die Wachperson nach Satz 1 zugleich Gewerbetreibender oder eine mit der Leitung des Betriebs oder einer Zweigniederlassung beauftragte Person im Sinne des § 34a Absatz 1a Satz 3 der Gewerbeordnung, richtet sich die Zuständigkeit nach Absatz 1. Hat die Person nach Satz 1 keinen Hauptwohnsitz in der Bundesrepublik Deutschland, ist die Behörde am Betriebssitz desjenigen Gewerbetreibenden zuständig, welcher die natürliche Person als erster anmeldet.

(3) Die örtliche Zuständigkeit für die Untersagung der Beschäftigung einer Person nach § 34a Absatz 4 der Gewerbeordnung richtet sich nach Absatz 1.

§ 2
Unterrichtung in Strafsachen

In Strafsachen gegen Gewerbetreibende im Sinne des § 34a Absatz 1 Satz 1 der Gewerbeordnung, gegen mit der Leitung des Betriebs oder einer Zweigniederlassung beauftragte Personen im Sinne des § 34a Absatz 1a Satz 3 der Gewerbeordnung und gegen Wachpersonen im Sinne des § 34a Absatz 1a Satz 1 der Gewerbeordnung übermitteln Staatsanwaltschaften und Gerichte folgende Informationen an die für den Vollzug des § 34a Gewerbeordnung zuständige Behörde, wenn der Tatvorwurf geeignet ist, Zweifel an der Zuverlässigkeit hervorzurufen:

1. Erlass und Vollzug eines Haft- oder Unterbringungsbefehls,
2. Anklageschrift oder an ihre Stelle tretende Antragsschrift,
3. der Antrag auf Erlass eines Strafbefehls,
4. die das Verfahren abschließende Entscheidung mit Begründung.

Die Übermittlung von Informationen nach Satz 1 soll in einem elektronischen Verfahren erfolgen.

§ 3
Angaben bei der Antragstellung

(1) Mit einem Antrag auf Erteilung einer Erlaubnis nach § 34a Absatz 1 der Gewerbeordnung hat die den Antrag stellende Person der zuständigen Behörde folgende Angaben zu übermitteln:

1. Angaben zu natürlichen Personen; auch zu den mit der Leitung des Betriebs oder einer Zweigniederlassung zu beauftragenden Personen; bei Antragstellung für eine juristische Person Angaben zur Person jedes gesetzlichen Vertreters, bei Personengesellschaften Angaben zu jedem zur Geschäftsführung berufenen Gesellschafter:
   a) persönliche Daten:
      aa) Familienname, Geburtsname, frühere Namen, Vornamen,
      bb) Geschlecht,
      cc) Geburtsdatum, Geburtsort, Geburtsland, Staat,
      dd) Staatsangehörigkeiten,
      ee) Meldeanschrift bestehend aus Straße, Hausnummer, Postleitzahl, Ort, wenn vorhanden Zusatz, Land, Staat,
      ff) Telefonnummer, E-Mail-Adresse,

   b) wenn vorhanden, Identifikationsnummer, die für die antragsstellende Person im Bewacherregister eingetragen ist (Bewacherregisteridentifikationsnummer),
   c) Art des Ausweisdokuments mit ausstellender Behörde, ausstellendem Staat, Datum der Ausstellung, Ausweisnummer, Ablaufdatum, maschinenlesbarem Namen sowie Inhalt der maschinenlesbaren Zone,
   d) Wohnorte in den letzten fünf Jahren unter Angabe des Zeitraums sowie Straße, Hausnummer, Postleitzahl, Ort, wenn vorhanden Zusatz, Land, Staat,
   e) Betriebsanschrift bestehend aus Straße, Hausnummer, Postleitzahl, Ort, wenn vorhanden Zusatz, Land, Staat, sowie Anschriften von Zweigniederlassungen und unselbstständigen Zweigstellen bestehend aus Straße, Hausnummer, Postleitzahl, Ort, wenn vorhanden Zusatz, Land, Staat,
2. Angaben zu juristischen Personen:
   a) Name des Unternehmens,
   b) nach Maßgabe der Nummer 1 die persönlichen Daten der zur Vertretung berufenen Person oder Personen,
   c) Rechtsform,
   d) Eintrag im Handels-, Genossenschafts- oder Vereinsregister, Registergericht sowie Nummer der Eintragung,
   e) Anschrift der Hauptniederlassung und sonstiger Betriebsstätten unter Angabe der Straße, Hausnummer, Postleitzahl, Ort, wenn vorhanden Zusatz, Land, Staat,
   f) Telefonnummer, E-Mail-Adresse.

(2) Mit dem Antrag auf Erteilung einer Erlaubnis hat die den Antrag stellende Person zudem folgende Unterlagen beizubringen:

1. Bei Antragstellung für eine juristische Person den aktuellen Auszug aus dem Handels-, Genossenschafts- oder Vereinsregister,
2. Bescheinigungen in Steuersachen des Finanzamtes und des Gemeindesteueramtes, bei juristischen Personen aller gesetzlicher Vertreter,
3. Kopie des Personalausweises, des Reisepasses mit Meldebescheinigung, des Pass- oder Ausweisersatzes oder eines sonstigen amtlichen Ausweis- oder Identifizierungsdokuments, bei juristischen Personen aller gesetzlichen Vertreter,
4. Nachweis über die erfolgreich abgelegte Sachkundeprüfung nach § 34a Absatz 1 Satz 3 Nummer 3 der Gewerbeordnung oder anerkennungsfähige andere Nachweise für die den Antrag stellende Person

sowie die mit der Leitung des Betriebs oder einer Zweigniederlassung zu beauftragenden Personen; bei juristischen Personen für die gesetzlichen Vertreter, soweit sie selbst mit der Durchführung von Bewachungsaufgaben direkt befasst sind oder keine Person mit der Leitung des Betriebs oder einer Zweigniederlassung beauftragt haben, die einen Sachkundenachweis oder entsprechenden anderen Nachweis besitzt; auf Anforderung durch die zuständige Behörde sind die Nachweise im Original oder als beglaubigte Kopie beizubringen,
5. Nachweis der Haftpflichtversicherung nach § 15,
6. Auskunft aus dem Schuldnerverzeichnis.

(3) Änderungen der Angaben nach Absatz 1, die nach Antragstellung eintreten, hat die den Antrag stellende Person der zuständigen Behörde unverzüglich mitzuteilen.

Abschnitt 2
Unterrichtungsverfahren

§ 4
Zweck

Zweck der Unterrichtung nach § 34 a Absatz 1 a Satz 1 Nummer 2 der Gewerbeordnung ist es, Wachpersonen so zu befähigen, dass sie mit den für eine eigenverantwortliche Wahrnehmung von Bewachungsaufgaben erforderlichen Rechten und Pflichten sowie den damit verbundenen Befugnissen und deren praktischer Anwendung vertraut sind.

§ 5
Zuständige Stelle

Die Unterrichtung kann bei jeder Industrie- und Handelskammer erfolgen, die diese anbietet.

§ 6
Verfahren

(1) Die Unterrichtung erfolgt mündlich. Die zu unterrichtende Person muss über die zur Ausübung der Tätigkeit und zum Verständnis des Unterrichtungsverfahrens unverzichtbaren deutschen Sprachkenntnisse,

mindestens auf dem Kompetenzniveau B1 des Gemeinsamen Europäischen Referenzrahmens verfügen. Die Unterrichtung hat mindestens 40 Unterrichtsstunden zu dauern. Eine Unterrichtsstunde beträgt 45 Minuten. Mehrere Personen können gleichzeitig unterrichtet werden, wobei die Zahl der Unterrichtsteilnehmer 20 nicht übersteigen soll.

(2) Die Industrie- und Handelskammer stellt eine Bescheinigung nach Anlage 1 aus, wenn die unterrichtete Person am Unterricht ohne Fehlzeiten teilgenommen hat und sich die Industrie- und Handelskammer durch geeignete Maßnahmen, insbesondere durch einen aktiven Dialog der unterrichtenden Person mit den Unterrichtsteilnehmern sowie durch mündliche und schriftliche Verständnisfragen nach jedem Sachgebiet, davon überzeugt hat, dass die Person mit den für eine eigenverantwortliche Wahrnehmung von Bewachungsaufgaben erforderlichen Rechten und Pflichten sowie den damit verbundenen Befugnissen und deren praktischer Anwendung nach Maßgabe des § 7 vertraut ist.

§ 7
Inhalt der Unterrichtung

Die Unterrichtung umfasst nach näherer Bestimmung der Anlage 2 für alle Arten des Bewachungsgewerbes die fachspezifischen Rechte, Pflichten und Befugnisse folgender Sachgebiete:

1. Recht der öffentlichen Sicherheit und Ordnung einschließlich Gewerberecht,
2. Datenschutzrecht,
3. Bürgerliches Gesetzbuch,
4. Straf- und Strafverfahrensrecht, Umgang mit Waffen,
5. Unfallverhütungsvorschrift Wach- und Sicherungsdienste,
6. Umgang mit Menschen, insbesondere Verhalten in Gefahrensituationen, Deeskalationstechniken in Konfliktsituationen sowie interkulturelle Kompetenz unter besonderer Beachtung von Diversität und gesellschaftlicher Vielfalt und
7. Grundzüge der Sicherheitstechnik.

§ 8
Anerkennung anderer Nachweise

Bei Vorliegen folgender Nachweise ist der Nachweis einer Unterrichtung nicht erforderlich:

1. Nachweis einer mit Erfolg abgelegten Abschlussprüfung
   a) als geprüfte Werkschutzfachkraft,
   b) als geprüfte Schutz- und Sicherheitskraft,
   c) als Servicekraft für Schutz und Sicherheit,
   d) als Fachkraft für Schutz und Sicherheit,
   e) als geprüfter Meister für Schutz und Sicherheit oder als geprüfte Meisterin für Schutz und Sicherheit,
   f) als geprüfter Werkschutzmeister oder als geprüfte Werkschutzmeisterin,
2. Prüfungszeugnis über den erfolgreichen Abschluss im Rahmen einer Laufbahnprüfung mindestens für den mittleren Dienst im Bereich der Ausbildung für den Polizeivollzugsdienst eines Landes oder des Bundes, für den Justizvollzugsdienst, für den waffentragenden Bereich des Zolldienstes und für den Feldjägerdienst der Bundeswehr,
3. Prüfungszeugnis über einen erfolgreichen Abschluss eines rechtswissenschaftlichen Studiums an einer Hochschule oder Akademie, die einen Abschluss verleiht, der einem Hochschulabschluss gleichgestellt ist, wenn zusätzlich ein Nachweis über eine Unterrichtung durch eine Industrie- und Handelskammer über die Sachgebiete nach § 7 Nummer 5 bis 7 vorliegt,
4. Bescheinigung über eine erfolgreich abgelegte Sachkundeprüfung nach § 11 Absatz 7.

Abschnitt 3
Sachkundeprüfung

§ 9
Zweck und Gegenstand der Sachkundeprüfung

(1) Zweck der Sachkundeprüfung nach § 34 a Absatz 1 Satz 3 Nummer 3 und Absatz 1 a Satz 2 der Gewerbeordnung ist es, den Nachweis zu erbringen, dass die dort genannten Personen die für die eigenverantwortliche Wahrnehmung der Bewachungsaufgaben erforderlichen Kenntnisse über die dafür notwendigen rechtlichen Vorschriften und fachbezogenen

Pflichten und Befugnisse sowie deren praktische Anwendung erworben haben.

(2) Gegenstand der Sachkundeprüfung sind die in § 7 in Verbindung mit Anlage 2 aufgeführten Sachgebiete; die Prüfung soll sich auf jedes der dort aufgeführten Gebiete erstrecken.

§ 10
Zuständige Stelle und Prüfungsausschuss

(1) Die Sachkundeprüfung kann bei jeder Industrie- und Handelskammer abgelegt werden, die diese anbietet.

(2) Für die Abnahme der Prüfung errichtet die Industrie- und Handelskammer mindestens einen Prüfungsausschuss. Sie beruft die Mitglieder des Ausschusses sowie den Vorsitzenden und seinen Stellvertreter. Die Mitglieder müssen für die Prüfungsgebiete sachkundig und für die Mitwirkung im Prüfungswesen geeignet sein.

§ 11
Prüfung, Verfahren

(1) Die Sachkundeprüfung ist in einen mündlichen und einen schriftlichen Teil zu gliedern.

(2) Im mündlichen Prüfungsteil können gleichzeitig bis zu fünf Prüflinge geprüft werden; er soll für jeden Prüfling etwa 15 Minuten dauern. Im mündlichen Prüfungsteil ist ein Schwerpunkt auf die in § 7 Nummer 1 und 6 genannten Gebiete zu legen.

(3) Der schriftliche Teil der Prüfung kann mit Hilfe unterschiedlicher Medien durchgeführt werden.

(4) Die Leistung des Prüflings ist von dem Prüfungsausschuss mit bestanden oder nicht bestanden zu bewerten. Die Prüfung ist bestanden, wenn die Leistungen des Prüflings im schriftlichen Teil und im mündlichen Teil der Prüfung jeweils mindestens mit ausreichend bewertet wurden.

(5) Die Prüfung ist nicht öffentlich. Es können jedoch außer den Mitgliedern des Prüfungsausschusses und den zu prüfenden Personen folgende Personen anwesend sein:

1. beauftragte Vertreter der Aufsichtsbehörden,
2. Mitglieder eines anderen Prüfungsausschusses,

3. Vertreter der Industrie- und Handelskammern,
4. Personen, die beauftragt sind, die Qualität der Prüfungen zu kontrollieren, oder
5. Personen, die dafür vorgesehen sind, in einen Prüfungsausschuss berufen zu werden.

Diese Personen dürfen nicht in die laufende Prüfung eingreifen oder in die Beratung über das Prüfungsergebnis einbezogen werden.

(6) Die Prüfung darf wiederholt werden.

(7) Die Industrie- und Handelskammer stellt eine Bescheinigung nach Anlage 3 aus, wenn die geprüfte Person die Prüfung erfolgreich abgelegt hat.

(8) Die Einzelheiten des Prüfungsverfahrens regeln die Industrie- und Handelskammern nach Maßgabe des § 32 der Gewerbeordnung durch Satzung.

§ 12
Anerkennung anderer Nachweise

Inhaber der in § 8 Nummer 1 bis 3 genannten Nachweise bedürfen nicht der Prüfung nach § 9.

Abschnitt 4
Anerkennung von ausländischen Befähigungsnachweisen

§ 13
Gebrauch der Dienstleistungsfreiheit

(1) Wenn unter Berücksichtigung der konkret beabsichtigten Tätigkeit bei unzureichender Qualifikation eine schwere Gefahr für die Gesundheit oder Sicherheit der Dienstleistungsempfänger bestünde, hat die für den Vollzug des § 34a der Gewerbeordnung zuständige Behörde vor dem erstmaligen Erbringen einer nur vorübergehenden und gelegentlichen Bewachungsdienstleistung im Inland zu überprüfen, ob ein wesentlicher Unterschied zwischen der Qualifikation der nach § 13a der Gewerbeordnung Anzeige erstattenden Person und den geforderten Kenntnissen besteht.

(2) Im Fall des § 13a Absatz 3 der Gewerbeordnung unterrichtet die für den Vollzug des § 34a der Gewerbeordnung zuständige Behörde die Anzeige erstattende Person über ihr Wahlrecht nach § 13c Absatz 3 der Gewerbeordnung.

Abschnitt 5
Anforderungen an die Haftpflichtversicherung

§ 14
Umfang der Versicherung

(1) Die Versicherung nach § 34a Absatz 1 Satz 3 Nummer 4 der Gewerbeordnung muss bei einem im Inland zum Geschäftsbetrieb zugelassenen Versicherungsunternehmen abgeschlossen werden.

(2) Die Mindestversicherungssumme beträgt je Schadensereignis

1. für Personenschäden 1 000 000 Euro,
2. für Sachschäden 250 000 Euro,
3. für das Abhandenkommen bewachter Sachen 15 000 Euro,
4. für reine Vermögensschäden 12 500 Euro.

Die Leistungen des Versicherungsunternehmens für alle innerhalb eines Versicherungsjahres verursachten Schäden können auf den doppelten Betrag der Mindestversicherungssumme begrenzt werden. Die in Satz 1 Nummer 3 und 4 genannten Risiken sind von der Versicherungspflicht ausgenommen, soweit der Gewerbetreibende nur für Auftraggeber tätig wird, die sich mit dieser Einschränkung der Versicherungspflicht nachweislich einverstanden erklärt haben.

(3) Der Versicherungsvertrag muss Deckung für die sich aus der gewerblichen Tätigkeit nach § 34a Absatz 1 Satz 1 der Gewerbeordnung ergebenden Haftpflichtgefahren für Personen-, Sach- und Vermögensschäden gewähren. Der Versicherungsvertrag muss sich auch auf solche Schäden erstrecken, für die der Versicherungspflichtige nach § 278 oder § 831 des Bürgerlichen Gesetzbuchs einzustehen hat, soweit Erfüllungsgehilfen oder Verrichtungsgehilfen nicht selbst zum Abschluss einer solchen Berufshaftpflichtversicherung verpflichtet sind. Ist der Gewerbetreibende in einer oder mehreren Personenhandelsgesellschaften als geschäftsführender Gesellschafter tätig, so muss für die jeweilige Personenhandelsgesellschaft jeweils ein Versicherungsvertrag abgeschlossen werden; der Versicherungsvertrag kann auch die Tätigkeit des Gewerbetreibenden nach Satz 1 abdecken.

§ 15
Versicherungsbestätigung, Anzeigepflicht des Versicherungsunternehmens

(1) Die vom Versicherungsunternehmen erteilte Versicherungsbestätigung nach § 113 Absatz 2 des Versicherungsvertragsgesetzes darf zum Zeitpunkt der Antragstellung bei der für die Erlaubniserteilung nach § 34a der Gewerbeordnung zuständigen Behörde nicht älter als drei Monate sein.

(2) Das Versicherungsunternehmen ist verpflichtet, der für die Erlaubniserteilung zuständigen Behörde unverzüglich Folgendes anzuzeigen:

1. die Beendigung des Versicherungsvertrags, insbesondere infolge einer wirksamen Kündigung,
2. das Ausscheiden eines Versicherungsnehmers aus einem Gruppenversicherungsvertrag sowie
3. jede Änderung des Versicherungsvertrags, die den vorgeschriebenen Versicherungsschutz im Verhältnis zu Dritten beeinträchtigen kann.

(3) Zuständige Stelle im Sinne des § 117 Absatz 2 des Versicherungsvertragsgesetzes ist die für die Erlaubniserteilung nach § 34a der Gewerbeordnung zuständige Behörde.

Abschnitt 6
Verpflichtungen bei der Ausübung des Gewerbes

§ 16
Beschäftigte, An- und Abmeldung von Wach- und Leitungspersonal

(1) Der Gewerbetreibende darf mit Bewachungsaufgaben sowie mit der Leitung eines Betriebs oder einer Zweigniederlassung nur eine Person beschäftigen, wenn er das Verfahren nach den Absätzen 2 und 3 eingehalten hat, die Mitteilung nach Absatz 2 Satz 3 oder die Bestätigung nach Absatz 3 Satz 2 erhalten hat und die zu beschäftigende Person

1. zuverlässig ist,
2. das 18. Lebensjahr vollendet hat oder einen in § 8 bezeichneten Abschluss besitzt und
3. die für ihre Tätigkeit notwendige Befähigung besitzt.

(2) Der Gewerbetreibende hat eine Person,

1. die er als Wachperson beschäftigen will, vor der Beschäftigung mit Bewachungsaufgaben oder
2. die er mit der Leitung des Betriebs oder einer Zweigniederlassung beauftragen will, vor der Beauftragung mit der Leitung des Betriebs oder einer Zweigniederlassung

über das Bewacherregister anzumelden. Der Gewerbetreibende hat mit der Anmeldung neben den durch das Hochladen der Ausweiskopie nach § 11b Absatz 2 Nummer 1 Buchstabe h und Nummer 3 Buchstabe g in Verbindung mit Absatz 5 der Gewerbeordnung gemeldeten Angaben folgende Angaben zur zu meldenden Person zu übermitteln:

1. Familienname, Geburtsname, frühere Namen, Vornamen,
2. Geschlecht,
3. Geburtsdatum, Geburtsort, Geburtsland, Staat,
4. Staatsangehörigkeiten,
5. Meldeanschrift bestehend aus Straße, Hausnummer, Postleitzahl, Ort, wenn vorhanden Zusatz, Land, Staat,
6. Wohnorte in den letzten fünf Jahren unter Angabe des Zeitraums sowie Straße, Hausnummer, Postleitzahl, Ort, wenn vorhanden Zusatz, Land, Staat,
7. bei einer Wachperson die Angabe der beabsichtigten Tätigkeit der Wachperson nach § 34a Absatz 1a Satz 2 und Satz 5 der Gewerbeordnung,
8. Daten zu Sachkunde- und Unterrichtungsnachweisen oder anderen anerkennungsfähigen Nachweisen bestehend aus Art der Qualifikation, Unterrichtungszeitraum oder Datum der Sachkundeprüfung, Ausstellungsdatum des Qualifikationsnachweises, wenn vorhanden Identifikationsnummer der Industrie- und Handelskammer, sowie eine Kopie des Nachweisdokuments oder Bescheinigungen des Gewerbetreibenden nach § 23.

Die nach § 1 zuständige Behörde teilt dem Gewerbetreibenden das Ergebnis der Überprüfung der Qualifikation und der Zuverlässigkeit unter Angabe des Datums der letzten Zuverlässigkeitsüberprüfung und der Registeridentifikationsnummer der gemeldeten Person aus dem Bewacherregister sowie die zulässigen Einsatzmöglichkeiten mit. Der Gewerbetreibende hat die gemeldete Person über die Mitteilung nach Satz 3 zu unterrichten.

(3) Hat die anzumeldende Wachperson oder mit der Leitung des Betriebs oder einer Zweigniederlassung beauftragte Person eine gültige Bewacher-

registeridentifikationsnummer, sind bei der Anmeldung durch den Gewerbetreibenden folgende Angaben über das Register zu übermitteln:

1. Bewacherregisteridentifikationsnummer der anzumeldenden Person,
2. Familienname, Vornamen,
3. Geburtsdatum, Geburtsort, Staat,
4. Meldeanschrift bestehend aus Straße, Hausnummer, Postleitzahl, Ort, wenn vorhanden Zusatz, Land, Staat,
5. Nummer des Ausweisdokuments, bei Abweichungen gegenüber dem bisherigen Ausweisdokument ist eine Ausweiskopie gemäß § 11b Absatz 2 Nummer 1 Buchstabe h und Nummer 3 Buchstabe g in Verbindung mit Absatz 5 der Gewerbeordnung über das Bewacherregister hochzuladen,
6. bei einer Wachperson die Angabe der beabsichtigten Tätigkeit der Wachperson gemäß § 34a Absatz 1a Satz 2 und Satz 5 der Gewerbeordnung,
7. bei Vorliegen einer neuen Qualifikation oder, wenn die beabsichtigte Tätigkeit der Wachperson eine höhere Qualifikation erforderlich macht, Daten zu Sachkunde- und Unterrichtungsnachweisen oder anderen anerkennungsfähigen Nachweisen bestehend aus Art der Qualifikation, Unterrichtungszeitraum oder Datum der Sachkundeprüfung, Ausstellungsdatum des Qualifikationsnachweises, wenn vorhanden Identifikationsnummer der Industrie- und Handelskammer, sowie eine Kopie des Nachweisdokuments oder Bescheinigungen des Gewerbetreibenden nach § 23.

Der Gewerbetreibende erhält vom Bewacherregister eine elektronische Bestätigung der Anmeldung sowie der zulässigen Einsatzmöglichkeiten, wenn die Angaben den im Bewacherregister hinterlegten Angaben entsprechen.

(4) Absatz 2 gilt entsprechend für die Regelüberprüfung der Zuverlässigkeit nach § 34a Absatz 1 Satz 10, auch in Verbindung mit Absatz 1a Satz 7 der Gewerbeordnung.

(5) Die Absätze 1 und 3 gelten entsprechend für Gewerbetreibende, die Wachpersonen oder mit der Leitung des Betriebs oder einer Zweigniederlassung beauftragte Personen entleihen und mit der Durchführung von Bewachungsaufgaben oder mit der Leitung des Betriebs oder einer Zweigniederlassung nach § 34a der Gewerbeordnung im Wege der Arbeitnehmerüberlassung beauftragen.

(6) Die Abmeldung von Wachpersonen und mit der Leitung des Betriebs oder einer Zweigniederlassung beauftragte Personen richtet sich nach § 11b Absatz 6 Satz 5 der Gewerbeordnung.

§ 17
Dienstanweisung

(1) Der Gewerbetreibende hat den Wachdienst durch eine Dienstanweisung nach Maßgabe der Sätze 2 und 3 zu regeln. Die Dienstanweisung muss den Hinweis enthalten, dass die Wachperson nicht die Eigenschaft und die Befugnisse eines Polizeivollzugsbeamten, oder eines sonstigen Bediensteten einer Behörde besitzt. Die Dienstanweisung muss ferner bestimmen, dass die Wachperson während des Dienstes nur mit Zustimmung des Gewerbetreibenden eine Schusswaffe, Hieb- und Stoßwaffen sowie Reizstoffsprühgeräte führen darf und jeden Gebrauch dieser Waffen unverzüglich der zuständigen Polizeidienststelle und dem Gewerbetreibenden anzuzeigen hat.

(2) Der Gewerbetreibende hat der Wachperson vor der ersten Aufnahme der Bewachungstätigkeit einen Abdruck der Dienstanweisung gegen Empfangsbescheinigung auszuhändigen.

(3) Der Gewerbetreibende hat die in seinem Gewerbebetrieb beschäftigten Personen vor der ersten Aufnahme der Bewachungstätigkeit schriftlich zu verpflichten, auch nach ihrem Ausscheiden Geschäfts- und Betriebsgeheimnisse Dritter, die ihnen in Ausübung des Dienstes bekannt geworden sind, nicht unbefugt zu offenbaren.

§ 18
Ausweis, Kennzeichnung der Wachperson

(1) Der Gewerbetreibende hat der Wachperson spätestens vor der ersten Aufnahme der Bewachungstätigkeit einen Ausweis nach Maßgabe der Sätze 2 und 3 auszustellen. Der Ausweis muss enthalten:

1. Familienname und Vornamen der Wachperson,
2. Namen und Anschrift des Gewerbetreibenden,
3. Bezeichnung und Anschrift des Gewerbebetriebs, sofern diese abweichen von Namen oder Anschrift des Gewerbetreibenden nach Nummer 2,
4. Unterschriften der Wachperson sowie des Gewerbetreibenden, seines Vertreters oder seines Bevollmächtigten,
5. Bewacherregisteridentifikationsnummern der Wachperson und des Bewachungsunternehmens.

Der Ausweis muss so beschaffen sein, dass er sich von amtlichen Ausweisen deutlich unterscheidet.

(2) Jede Wachperson ist verpflichtet, den Ausweis in Verbindung mit dem im Bewacherregister angegebenen Ausweis- oder Identifizierungsdoku-

ment während des Wachdienstes mitzuführen und auf Verlangen den Beauftragten der Vollzugsbehörden, insbesondere Ordnungsämter, Polizei- oder Zollbehörden, vorzuzeigen.

(3) Jede Wachperson, die Tätigkeiten nach § 34a Absatz 1a Satz 2 Nummer 1 und 3 bis 5 der Gewerbeordnung ausübt, hat während dieser Tätigkeiten sichtbar ein Schild mit ihrem Namen oder einer Kennnummer sowie der Bezeichnung des Gewerbebetriebs zu tragen. In den Fällen des § 34a Absatz 1a Satz 2 Nummer 4 und 5 der Gewerbeordnung gilt das auch für jede Wachperson in nicht leitender Funktion. Der Gewerbetreibende hat der Wachperson zu diesem Zweck spätestens vor der ersten Aufnahme der Bewachungstätigkeit ein entsprechendes Schild auszustellen.

(4) Die Absätze 1 bis 3 gelten entsprechend für Gewerbetreibende, die selbst als Wachperson tätig werden.

§ 19
Dienstkleidung

(1) Bestimmt der Gewerbetreibende für seine Wachpersonen eine Dienstkleidung, so hat er dafür zu sorgen, dass sie sich von Uniformen der Angehörigen von Streitkräften oder behördlichen Vollzugsorganen deutlich unterscheiden und dass keine Abzeichen verwendet werden, die Amtsabzeichen zum Verwechseln ähnlich sind.

(2) Jede Wachperson, die befriedetes Besitztum in Ausübung ihres Dienstes betreten soll, muss eine Dienstkleidung tragen. Satz 1 gilt entsprechend für Gewerbetreibende, die selbst als Wachperson tätig werden.

§ 20
Behandlung der Waffen und Anzeigepflicht nach Waffengebrauch

(1) Der Gewerbetreibende ist für die sichere Aufbewahrung der Waffen und der Munition verantwortlich. Er hat die ordnungsgemäße Rückgabe der Waffen und der Munition nach Beendigung des Wachdienstes sicherzustellen.

(2) Hat der Gewerbetreibende oder eine Wachperson im Wachdienst von Waffen Gebrauch gemacht, so hat der Gewerbetreibende dies unverzüglich der für den Vollzug des § 34a der Gewerbeordnung zuständigen Behörde und, soweit noch keine Anzeige nach § 17 Absatz 1 Satz 3 erfolgt ist, der zuständigen Polizeidienststelle anzuzeigen.

§ 21
Buchführung und Aufbewahrung

(1) Der Gewerbetreibende hat nach Maßgabe des Satzes 2 und der Absätze 2 bis 4 die Pflicht, Aufzeichnungen zu machen sowie die dort genannten Belege an der Hauptniederlassung seines Gewerbebetriebs übersichtlich zu sammeln. Die Aufzeichnungen sind unverzüglich und in deutscher Sprache anzufertigen.

(2) Der Gewerbetreibende hat für jeden Bewachungsvertrag Namen und Anschrift des Auftraggebers, Inhalt und Art des Auftrages sowie Tag des Vertragsabschlusses aufzuzeichnen. Darüber hinaus hat er Aufzeichnungen anzufertigen über:

1. die in § 16 Absatz 2 Satz 2 und Absatz 3 genannten Angaben über die Wachpersonen sowie den Tag der Einstellung und den Tag der Beendigung des Beschäftigungsverhältnisses von Wachpersonen,
2. die Belehrung der Wachpersonen über die Pflicht zur Mitführung und zum Vorzeigen des Ausweises gemäß § 18 Absatz 2,
3. die Belehrung der Wachpersonen über die Pflicht, ein Namensschild oder eine Kennnummer zu tragen gemäß § 18 Absatz 3,
4. die Überlassung von Schusswaffen und Munition nach § 28 Absatz 3 Satz 2 des Waffengesetzes und über die Rückgabe nach § 20 Absatz 1 Satz 2.

(3) Der Gewerbetreibende hat folgende Belege zu sammeln:

1. den Versicherungsvertrag nach § 14 Absatz 1,
2. Nachweise über die Zuverlässigkeit und Befähigung von Personen nach § 16 Absatz 1 Satz 1,
3. die Dienstanweisung nach § 17 Absatz 1 Satz 1 und die Empfangsbescheinigung nach § 17 Absatz 2,
4. die Verpflichtungserklärung nach § 17 Absatz 3,
5. den Vordruck eines Ausweises nach § 18 Absatz 1 Satz 1 und 2,
6. die Benennung nach § 28 Absatz 3 Satz 1 des Waffengesetzes und die behördliche Zustimmung nach § 28 Absatz 3 Satz 2 des Waffengesetzes,
7. eine Anzeige über einen Waffengebrauch nach § 20 Absatz 2.

(4) Die Aufzeichnungen und Belege sind bis zum Schluss des dritten auf den Zeitpunkt ihrer Entstehung folgenden Kalenderjahres in den Geschäftsräumen aufzubewahren. Die Aufbewahrungsfrist endet hiervon abweichend

1. in den Fällen des Absatzes 2 Satz 1 und des Absatzes 3 Nummer 1 und aller sich hierauf beziehenden Schriftstücke drei Jahre nach dem Schluss des Kalenderjahres, in dem die Verträge endeten,
2. in den Fällen des Absatzes 2 Satz 2 Nummer 1 und des Absatzes 3 Nummer 2 bis 5 drei Jahre nach dem Schluss des Kalenderjahres, in dem das Beschäftigungsverhältnis endete.

(5) Die Verpflichtung, Aufzeichnungen über Bewachungsverträge zu machen, besteht nicht, soweit Landfahrzeuge bewacht werden.

(6) Eine nach anderen Vorschriften bestehende Pflicht zur Buchführung und zur Aufbewahrung von Büchern, Aufzeichnungen, Unterlagen und Belegen bleibt unberührt.

6. Zuständige Stellen für Unterrichtung und Prüfungen von Sicherheitskräften im Bewachungsgewerbe

Zuständige Stellen für die Unterrichtung und Prüfungen sind die IHK der Bundesländer.

Länder	**Städte**
Baden-Württemberg	Stuttgart, Karlsruhe, Weingarten
Bayern	München, Nürnberg
Berlin	Berlin
Brandenburg	Potsdam, Cottbus, Neubrandenburg
Bremen	Bremen
Hessen	Frankfurt/Main, Kassel, Hanau, Wetzlar
Hamburg	Hamburg
Mecklenburg-Vorpommern	Schwerin, Rostock
Niedersachsen	Hannover, Emden
Nordrhein-Westfalen	Aachen, Köln, Bochum
Rheinland-Pfalz	Mainz, Ludwigshafen
Saarland	Saarbrücken
Sachsen	Dresden, Leipzig
Sachsen-Anhalt	Magdeburg, Halle
Schleswig-Holstein	Kiel, Flensburg
Thüringen	Erfurt, Gera, Suhl

Die vorstehend aufgeführten IHK haben in der Vergangenheit bisher Prüfungen für Sicherheitskräfte der gewerblichen Sicherheitswirtschaft angeboten. Inwieweit die weiteren IHK, die hier nicht genannt sind, Prüfungen für Fachkräfte für Schutz und Sicherheit, für Servicekräfte für Schutz und Sicherheit, für Geprüfte Schutz- und Sicherheitskräfte sowie für Kandidaten der Sachkundeprüfung oder von Unterrichtungsverfahren durchführen, ist im Einzelfall zu erfragen. Bei den IHK können zur Anmeldung der Prüfung/Überprüfung online Informationen angefordert werden. Die Anmeldungen zur Prüfung erfolgen in den meisten Fällen online mittels Ausfüllens eines Onlineformulars. Insbesondere ist nachzuweisen, dass die in den Rechtsvorschriften genannten Zulassungsvoraussetzungen vorliegen. Dazu sind Kopien des Schulabschlusszeugnisses und Bescheinigungen über die geforderte Berufspraxis anzugeben bzw. hochzuladen. Für die Durchführung der Prüfung und die Besetzung der Prüfungsausschüsse gelten die von den IHK, als die für die Prüfung zuständigen Stellen, ergangenen Prüfungsordnungen, die bei den Kammern eingesehen werden können.

Teil II
Themenfeld „Rechtliche Grundlagen für Sicherheitsdienste“ – Fragen mit Antworten

Hinweise für den Anwender:

Die Fragen und Antworten sind jeweils auf den Seiten gegenübergestellt. Zur Überprüfung der Kenntnisse sollte die „Antwortseite“ mit einem Blatt abgedeckt werden.

1. Grundkenntnisse über Grundrechte

- **Frage 1**
  In welchem Gesetz sind die Grundrechte beschrieben?

- **Frage 2**
  Allgemein wird häufig von *Menschenrechten* und *Bürgerrechten* gesprochen. Können Sie kurz den Unterschied dieser Rechte erläutern?

- **Frage 3**
  Was sind Grundrechte?

- **Frage 4**
  Sind die Grundrechte auch für die Tätigkeit des gewerblichen Sicherheitsdienstes von Bedeutung?

- **Frage 5**
  Kennen Sie – bezogen auf Unternehmen/Betriebe – ein Gesetz, in dem die Grundrechte besonders erwähnt sind?

- **Frage 6**
  Nach Art. 1 GG ist vom Schutz der Menschenwürde die Rede. Kann dieses Recht auch ein Täter in Anspruch nehmen, der wegen schwerer Straftaten (Verbrechen, § 12 StGB) verurteilt worden ist?

- **Frage 7**
  Können Sie ein Beispiel nennen, aus dem sich ergibt, dass durch ein Verhalten eines Angehörigen eines gewerblichen Sicherheitsdienstleistungsunternehmens die Menschenwürde verletzt wird?

Antwort 1
Die Grundrechte sind in der Verfassung, dem *Grundgesetz für die Bundesrepublik Deutschland (GG),* beschrieben.

Antwort 2
Die Menschenrechte gelten für alle Menschen (z. B. Art. 1 GG), die sich in Deutschland aufhalten.
Bürgerrechte gelten nur für die Bürger und Bürgerinnen eines Staates mit der entsprechenden Staatsangehörigkeit (z. B. deklariert durch die Worte „alle Deutschen" in Art. 8 und 9 GG).

Antwort 3
Grundrechte sind Freiheitsrechte und zugleich Abwehrrechte des Bürgers gegen staatliche Willkür.
Sie sind ein Teil der Rechtsordnung und sollen den Bürger insbesondere gegen Eingriffe der staatlichen Gewalt schützen.

Antwort 4
Ja, denn die Grundrechte sind unmittelbar geltendes Recht und gelten somit für alle Bürger.

Antwort 5
Ja, es handelt sich um das Betriebsverfassungsgesetz (BetrVG).

Antwort 6
Ja, denn die Würde des Menschen ist unantastbar. Dies gilt auch für Straftäter.

Antwort 7
Ein Verstoß gegen die Menschenwürde ist beispielsweise dann anzunehmen, wenn bei Personenkontrollen ohne eine ausdrückliche Zustimmung der Inhalt von Damenhandtaschen durch männliche Werkschutzangehörige durchsucht wird oder es einer vorläufig festgenommenen Person nicht gestattet wird, die Toilette aufzusuchen (beachte die Garantenstellung für vorläufig festgenommene Personen, § 13 StGB).

Frage 8

Im Art. 2 GG heißt es unter anderem, *dass die Freiheit der Person unverletzlich* ist. Kann in dieses Recht eingegriffen werden?

Frage 9

Was verstehen Sie unter dem Grundrecht, dass alle Menschen vor dem Gesetz *gleich* sind?

Frage 10

Wann ist – insbesondere auch für die Beschäftigten eines Betriebes – die Grenze der *Meinungsfreiheit* gegeben?

Frage 11

Das Grundgesetz garantiert in Art. 8 das Recht, sich friedlich und ohne Waffen zu versammeln. Was verstehen Sie unter dem Begriff Versammlung?

Frage 12

Was ist im Rahmen der Versammlungsfreiheit Arbeitgebern und Arbeitnehmern innerbetrieblich untersagt?

Frage 13

Gemäß Art. 8 Abs. 2 GG kann das Versammlungsrecht für Versammlungen unter freiem Himmel durch ein Gesetz oder aufgrund eines Gesetzes eingeschränkt werden. Kennen Sie ein solches Gesetz?

Frage 14

In Art. 9 GG ist von der *Vereinigungsfreiheit* die Rede. Was ist in diesem Zusammenhang innerbetrieblich ausdrücklich gewährleistet?

Antwort 8
Ja, in einem konkreten Einzelfall ist auf Grund eines Gesetzes für jedermann (also auch für eine Sicherheitskraft) die Festnahme möglich; z. B., wenn die Voraussetzungen einer „vorläufigen Festnahme" gemäß § 127 Abs. 1 StPO oder der „Selbsthilfe" gemäß § 229 BGB vorliegen.

Antwort 9
Der Gleichheitsgrundsatz verbietet die „ungleiche" Behandlung. Alle Menschen sind vor dem Gesetz gleich. Männer und Frauen sind gleichberechtigt; niemand darf wegen seines Geschlechts, seiner Abstammung, seiner Rasse, seiner Sprache, seiner Heimat und Herkunft, seines Glaubens, seiner religiösen oder politischen Anschauungen benachteiligt oder bevorzugt werden. Niemand darf wegen seiner Behinderung benachteiligt werden (Art. 3 Abs. 3 GG).

Antwort 10
Allgemein ist die Grenze des *Rechts auf freie Meinungsäußerung* gegeben, wenn jemand gegen gesetzliche Bestimmungen verstößt (z. B. durch beleidigende oder verleumderische Äußerungen (§§ 185 ff. StGB)); für Betriebsangehörige schon dann, wenn der Betriebsfrieden gestört wird.

Antwort 11
Der Begriff „Versammlung" bezeichnet eine örtliche Zusammenkunft mehrerer Personen zur gemeinschaftlichen Erörterung oder Kundgebung mit dem Ziel der Teilhabe an der öffentlichen Meinungsbildung.

Antwort 12
Das Betriebsverfassungsgesetz (§ 74 Abs. 2 Satz 3 BetrVG) verbietet Arbeitgebern und Betriebsratsmitgliedern, in ihrer Eigenschaft als solche parteipolitische Betätigung im Betrieb auszuüben.

Antwort 13
Ja, es handelt sich um das *Gesetz über Versammlungen und Aufzüge* (Versammlungsgesetz | VersammlG).
Beachten Sie dazu auch die Versammlungsstättenverordnung (VStättVO) zum Bau und Betrieb von Versammlungsstätten.

Antwort 14
Die gewerkschaftliche Tätigkeit und die Aktivitäten der Arbeitgeberverbände sind gewährleistet.

Frage 15
Außerhalb der regulären Arbeitszeit anderer Betriebsangehöriger hat der private Sicherheitsdienst häufig auch die Aufgabe, Postsendungen für den Kunden in Empfang zu nehmen. Welches Grundrecht ist im Zusammenhang mit dieser Aufgabe besonders zu beachten?

Frage 16
Art. 13 GG garantiert die *Unverletzlichkeit der Wohnung*. Welche Voraussetzung muss vorliegen, wenn Sie in Ihrer Eigenschaft als Sicherheitskraft in einer fremden Wohnung eine Nachschau durchführen wollen?

Frage 17
Welches Grundrecht gewährleistet das *Eigentum*, und was hat dies mit Ihrer Tätigkeit als Sicherheitskraft zu tun?

Frage 18
Unter welcher Voraussetzung verwirkt jemand gemäß Art. 18 GG die Grundrechte der *Freiheit der Meinungsäußerung, die Versammlungsfreiheit, die Vereinigungsfreiheit, das Brief-, Post- und Fernmeldegeheimnis, das Eigentum oder das Asylrecht*, und durch welches Organ der Rechtsprechung wird dies ausgesprochen?

Frage 19
Gesetzgebende Parlamente sind der Bund (Bundesgesetze) und die Länder (Landesgesetze). Welcher Verfassungsgrundsatz gilt hierzu nach Art. 31 GG?

Frage 20
Ist die Verpflichtung zum Umweltschutz im Grundgesetz ausdrücklich erwähnt?

Antwort 15
Das *Post- und Briefgeheimnis* gemäß Art. 10 GG ist dabei zu beachten.

Antwort 16
Eine „Nachschau“ in Wohnungen durch den gewerblichen Sicherheitsdienst darf nur mit Zustimmung des Berechtigten erfolgen.
Beispielsweise bei der Tätigkeit des Revierdienstes oder der Wohngebietsbestreifung. Beachten Sie dabei die Ausnahmen der Jedermannsrechte.
Der Begriff und die Tätigkeit der „Durchsuchung“ gehören zu den hoheitlichen Aufgaben der Behörden.

Antwort 17
Das *Eigentum* ist gemäß Art. 14 GG gewährleistet. Eine Sicherheitskraft hat unter anderem die Aufgabe, die betrieblichen Einrichtungen und Gegenstände zu schützen, und sorgt in diesem Rahmen mit dafür, dass das *Recht auf Eigentum* erhalten bleibt bzw. von dem Berechtigten (Eigentümer) wahrgenommen werden kann.

Antwort 18
Wer die in Art. 18 GG angeführten Grundrechte zum Kampf gegen *die freiheitliche demokratische Grundordnung* missbraucht, verwirkt diese Grundrechte; die Entscheidung hierzu trifft das Bundesverfassungsgericht.

Antwort 19
Bundesrecht bricht Landesrecht. Bundesrecht ist vorrangig. Das Bundesrecht findet also Anwendung, und das Landesrecht, sofern es widersprüchlich ist, wird nichtig.

Antwort 20
Ja, gemäß Art. 20a GG schützt der Staat für die künftigen Generationen die natürlichen Lebensgrundlagen und die Tiere.

2. Abgrenzung zu den Aufgaben der Polizei- und Ordnungsbehörden sowie der Staatsanwaltschaft

Frage 21

Welche generelle Aufgabe hat der gewerbliche Sicherheitsdienst in Betrieben?

Frage 22

Welche Aufgabe hat die Polizei?

Frage 23

Welche generellen Unterschiede ergeben sich in Bezug auf die Tätigkeit der privaten Sicherheitsdienstleistungsunternehmen und diejenige der Polizei?

Antwort 21

Der gewerbliche Sicherheitsdienst in Betrieben hat generell die Aufgabe, das Unternehmen und dessen Angehörige zu schützen („Generalauftrag"). Dazu gehören unter anderem innerbetrieblich

- die allgemeine und besondere Gefahren-(Schadens-)abwehr;
- die Wahrnehmung von Ordnungsaufgaben; die Überwachung und Durchsetzung von Verboten und Geboten;
- die Mitwirkung bei der Aufklärung von Straftaten bzw. Ordnungsverstößen zum Nachteil des Unternehmens und der Beschäftigten (ggf. in Zusammenarbeit mit den zuständigen behördlichen Stellen);
- der „erste Angriff" im Zusammenhang mit dem Brand-, Katastrophen- und Umweltschutz sowie der Arbeitssicherheit.

Antwort 22

Die Polizei hat die Aufgabe, *Gefahren abzuwehren,* durch die die *öffentliche* Sicherheit oder *öffentliche* Ordnung bedroht wird.

Die Polizei hat weiterhin *Straftaten zu erforschen* und alle keinen Aufschub gestattenden Anordnungen zu treffen, um die Verdunklung der Sache zu verhüten (§ 163 StPO).

Antwort 23

Angehörige privater Sicherheitsdienstleistungsunternehmen sind im Rahmen ihres Auftrags nur innerhalb des vertraglich zugewiesenen Hausrechtbereichs zuständig und dürfen nur Maßnahmen durchführen oder veranlassen, zu deren Wahrnehmung sie gemäß § 855 BGB als Besitzdiener berechtigt sind. Dies sind die nach der Rechtsordnung geltenden Jedermannsrechte, die zudem jedem Bürger zustehen.

Die Polizei hat dagegen hoheitliche Aufgaben und handelt generell im Bereich des „öffentlichen Raumes". Sie kann im Gegensatz zum privaten Sicherheitsdienst zur Durchsetzung eines Verwaltungsaktes Zwangsmittel einsetzen und hat in bestimmten Fällen (z. B. im Rahmen der Strafverfolgung bei Gefahr im Verzuge) auch das Recht, private Betriebe zu betreten (Sonderzugangsrecht).

- **Frage 24**
  Welche Aufgabe hat die Staatsanwaltschaft, und in welchem Gesetz ist dies beschrieben?

- **Frage 25**
  Kann die Sicherheitskraft des gewerblichen Sicherheitsdienstes beim Vorliegen einer Straftat direkt an die Staatsanwaltschaft berichten oder muss sie vorher die Polizei einschalten?

- **Frage 26**
  Welche Bediensteten anderer Ordnungsbehörden (also außer Polizei und Staatsanwaltschaft) kommen für eine Zusammenarbeit mit dem gewerblichen Sicherheitsdienst infrage bzw. haben ebenfalls ein „Sonderzugangsrecht"?

Antwort 24

Die Staatsanwaltschaft ist bei strafrechtlichen Ermittlungen die sog. „Herrin des Ermittlungsverfahrens“ und Anklagebehörde. Ihre Pflichten und Befugnisse sind in der Strafprozessordnung beschrieben (§§ 151, 152 ff. StPO).

Antwort 25

Strafanzeigen und Strafanträge können auch gleich der Staatsanwaltschaft zugeleitet werden; es ist nicht erforderlich, vorher die Polizei einzuschalten (§ 158 StPO).

Antwort 26

Bedienstete der Feuerwehr, der Gewerbeaufsicht, des Gesundheitsamtes, des Amtes für Umweltschutz, der Steuerfahndung, des Zolls sowie Gerichtsvollzieher und in bestimmten Fällen auch Beschäftigte des Zivil- und Katastrophenschutzes des Bundesministeriums des Innern (BMI) bzw. des Bundesamtes für Bevölkerungsschutz und Katastrophenhilfe (BBK) sowie Beschäftigte der Berufsgenossenschaften.

3. Abgrenzung des Privatrechts zum Öffentlichen Recht

- **Frage 27**
  Was verstehen Sie unter dem Begriff „Recht“?

- **Frage 28**
  Welches ist der Unterschied zwischen dem *Öffentlichen Recht* und dem *Privatrecht*?

- **Frage 29**
  Welche Regelungen sind wesentliche Bestandteile des Privatrechts?

- **Frage 30**
  In welchen gesetzlichen Bestimmungen ist das Privatrecht geregelt?

- **Frage 31**
  Ergibt sich im Rahmen der Aufgaben und Befugnisse des gewerblichen Sicherheitsdienstes auch die Möglichkeit, Vorschriften des Öffentlichen Rechts anzuwenden?

Antwort 27

Recht ist die auf dem Willen der Gemeinschaft beruhende, verbindliche Rechtsordnung ihrer sozialen Beziehungen untereinander innerhalb eines bestimmten Staatsgebiets.

Basis für das Recht sind Gesetze, Verordnungen, Satzungen, die Rechtsprechung sowie freie (in der Regel vertragliche) Vereinbarungen.

Antwort 28

Das „Öffentliche Recht" regelt die Rechtsbeziehungen zwischen Staat und Bürger, es gilt für jedermann nach dem Prinzip der Über- bzw. Unterordnung (Subordinationsprinzip). Das „Privatrecht" regelt die Rechtsbeziehungen der Bürger bzw. privater Institutionen untereinander. Es gilt das Prinzip der Gleichberechtigung (Koordinationsprinzip).

Antwort 29

Durch das Privatrecht werden *private Rechte* (Ansprüche) und *Pflichten* der Personen geregelt. Im Einzelnen wird dargelegt, was jemand von einem anderen verlangen darf bzw. was gegenüber einem anderen getan werden muss. In den meisten Fällen handelt es sich um die Erfüllung von Verträgen (z. B. Kaufverträge, Mietverträge, Dienstleistungsverträge u. a.).

Antwort 30

Gesetzliche Grundlage für das Privatrecht ist das Bürgerliche Gesetzbuch (BGB).

Zum Privatrecht gehören außerdem Teile *des Arbeitsrechts, des Handelsrechts, des Rechts der Handelsgesellschaften und des Aktienrechts.*

Antwort 31

Ja. Ein solcher Fall ist beispielsweise durch das Festnahmerecht für jedermann gemäß § 127 Abs. 1 StPO gegeben. Die vorläufige Festnahme gehört zum formellen Recht und bezweckt die Einleitung eines Ermittlungs- bzw. Strafverfahrens durch die Behörden.

Frage 32

Können Sie Beispiele dafür nennen, warum im Zusammenhang mit der Tätigkeit einer privaten Sicherheitskraft – insbesondere in Bezug auf Maßnahmen gegen den Willen des Betroffenen – die Unterscheidung zwischen dem Privatrecht und dem Öffentlichen Recht wichtig ist?

Antwort 32

Die Bediensteten des gewerblichen Sicherheitsdienstes müssen wissen, dass sie *keine hoheitlichen Aufgaben* wahrnehmen dürfen. Vielmehr dürfen sie nur die Jedermannsrechte in Anspruch nehmen, also die Ausnahmerechte zum Gewaltmonopol des Staates.

Dazu gehört beispielsweise, dass sie weder eine Durchsuchung noch eine Beschlagnahme durchführen dürfen; auch die Regelung des öffentlichen Verkehrs vor den Toren des Werksgeländes ist unzulässig.

4. Für Sicherheitsdienste relevante gesetzliche Bestimmungen des BGB

- **Frage 33**
  Welche Regelungen ergeben sich grundsätzlich aus dem Bürgerlichen Gesetzbuch (BGB)?

- **Frage 34**
  Was verstehen Sie unter dem sog. „Schikaneverbot" gemäß § 226 BGB? Bilden Sie dazu ein Beispiel aus der Tätigkeit des gewerblichen Sicherheitsdienstes.

- **Frage 35**
  In § 227 BGB ist die *Notwehr* beschrieben. Können Sie dieses Recht näher erläutern?

- **Frage 36**
  Warum ist die *Notwehr* im Strafgesetzbuch, im Ordnungswidrigkeitengesetz und im Bürgerlichen Gesetzbuch beschrieben?

- **Frage 37**
  Was ist unter einem *defensiven Notstand* (Verteidigungsnotstand) gemäß § 228 BGB zu verstehen?

- **Frage 38**
  Können Sie für das Vorliegen des *defensiven Notstands* ein Beispiel nennen?

Antwort 33
Im BGB sind die *Rechtsbeziehungen der Menschen untereinander* und *in Bezug auf Gegenstände* (Sachenrecht) beschrieben.

Antwort 34
Die Ausübung eines Rechts ist unzulässig, wenn sie nur den Zweck haben kann, einem anderen Schaden zuzufügen. Dies ist beispielsweise dann gegeben, wenn bei Personenkontrollen ohne besonderen sachlichen Grund stets die gleiche Person kontrolliert wird, um sie vor anderen Beschäftigten bloßzustellen.

Antwort 35
Gemäß § 227 Abs. 2 BGB ist *Notwehr diejenige Verteidigung, welche erforderlich ist, um einen gegenwärtigen rechtswidrigen Angriff von sich oder einem anderen abzuwenden.*

Antwort 36
Die Wahrnehmung des Notwehrrechts ist nicht nur beim Vorliegen einer Straftat oder einer Ordnungswidrigkeit ein *Rechtfertigungsgrund,* sondern auch bei zivilrechtlichen Ansprüchen.
Es entfällt beispielsweise die Schadenersatzpflicht gemäß § 823 BGB, wenn der Schaden infolge einer Notwehrhandlung entstanden ist.

Antwort 37
Es handelt sich um einen *Rechtfertigungsgrund.*
Die Gefahr für ein Rechtsgut geht dabei von einer Sache (§ 90 BGB) aus (hierzu können auch Tiere gehören); es muss aber zur Abwehr der Gefahr *erforderlich* sein, die Sache zu beschädigen oder zu zerstören, und der entstandene Schaden darf *nicht außer Verhältnis zu der gegebenen Gefahrenlage* stehen. Hat jemand die Gefahr selbst verschuldet, so ist er zum Schadenersatz verpflichtet.

Antwort 38
Der *defensive Notstand* liegt beispielsweise vor, wenn jemand von einem Hund angegriffen wird und sich mit einem Fußtritt dagegen zur Wehr setzt, wodurch der Hund verletzt wird.

- **Frage 39**
  Wie unterscheidet sich die *Notwehr* von dem *defensiven Notstand*?

- **Frage 40**
  Was versteht man unter dem *aggressiven Notstand* (Angriffsnotstand) gemäß § 904 BGB?

- **Frage 41**
  Wodurch unterscheidet sich der *defensive Notstand* vom *aggressiven Notstand?* Bilden Sie dazu ein Beispiel.

- **Frage 42**
  Wann ist im Sinne des § 904 BGB eine Gefahr als „gegenwärtig“ anzusehen?

- **Frage 43**
  Was muss man abwägen, wenn man den *Rechtfertigungsgrund des aggressiven Notstands* für sich in Anspruch nehmen will?

- **Frage 44**
  Unter welchen Voraussetzungen können Sie das *Recht der Selbsthilfe* gemäß § 229 BGB wahrnehmen?

Antwort 39

Im Falle einer *Notwehr* geht der Angriff (die Gefahr) von einem Menschen aus, während die Gefahr beim *defensiven Notstand* von einer Sache droht.

Antwort 40

Der *aggressive Notstand* ist gegeben, wenn eine *gegenwärtige* Gefahrenlage für ein Rechtsgut vorliegt und der drohende Schaden gegenüber dem entstehenden Schaden unverhältnismäßig groß ist. In diesem Fall ist der Eigentümer einer Sache nicht berechtigt, die zur Abwehr der Gefahr notwendige Einwirkung eines anderen auf die Sache zu verbieten. Er hat eine Duldungspflicht.
Der Eigentümer der Sache kann allerdings verlangen, dass ihm der entstandene Schaden ersetzt wird.

Antwort 41

Bei dem *aggressiven Notstand* geht die Gefahr nicht von der Sache aus, die beschädigt oder zerstört wird.
Beispiel: Die von einem bissigen Hund angegriffene Person bricht aus einem Zaun, der einem unbeteiligten Dritten gehört, eine Latte heraus, um sich damit gegen den Hund zu verteidigen (vgl. dazu die Antwort 40).

Antwort 42

Im Sinne des § 904 BGB ist eine Gefahr als „gegenwärtig" anzusehen, wenn der Eintritt des Schadens unmittelbar bevorsteht, andauert oder gerade stattfindet.

Antwort 43

Es muss eine „Abwägung der Rechtsgüter" vorgenommen werden (z. B.: Leben geht vor Eigentum). Beachten Sie dabei die Rangreihenfolge der schutzwürdigen und notwehrfähigen Rechtsgüter.

Antwort 44

Voraussetzungen für die *Selbsthilfe* nach § 229 BGB sind:

- Es muss ein durchsetzbarer (einklagbarer) Anspruch bestehen.
- Obrigkeitliche Hilfe (Polizei, Gericht) ist nicht oder nicht rechtzeitig zu erlangen.
- Ohne ein sofortiges Eingreifen besteht die Gefahr, dass die Verwirklichung des Rechtsanspruchs vereitelt oder dessen Durchsetzung wesentlich erschwert wird.

Frage 45
Welche Handlungen (Mittel) sind im Rahmen der *Selbsthilfe* gemäß § 229 BGB zulässig?

Frage 46
Können Sie aus der Tätigkeit des gewerblichen Sicherheitsdienstes ein Beispiel für die Wahrnehmung des *Selbsthilferechts* gemäß § 229 BGB nennen?

Frage 47
In § 230 BGB sind die *Grenzen der Selbsthilfe* beschrieben. Können Sie kurz darlegen, wie diese Einschränkungen zu verstehen sind?

Frage 48
Mit welchen Folgen muss jemand rechnen, wenn er das *Selbsthilferecht* gemäß § 229 BGB irrtümlich wahrnimmt?

Frage 49
Was ist gemäß § 823 BGB unter dem Begriff „unerlaubte Handlung" zu verstehen?

Frage 50
Welche Rechtsgüter sind gemäß § 823 BGB geschützt?

Frage 51
Kann eine *vorsätzliche Sachbeschädigung* (unabhängig von den strafrechtlichen Folgen) eine *unerlaubte Handlung* im Sinne des § 823 BGB sein und zum Schadenersatz verpflichten?

Frage 52
Was sind – bezogen auf den Wortlaut des § 823 BGB – keine *sonstigen Rechte*?

Antwort 45
Zulässige Handlungen gemäß § 229 BGB sind
- die Festnahme/das Festhalten des Verpflichteten;
- das Beseitigen des Widerstandes des Verpflichteten;
- die Wegnahme, Beschädigung oder Zerstörung einer Sache.

Antwort 46
Eine unbekannte Person beschädigt durch Unachtsamkeit betriebseigene Gegenstände und will flüchten, um die Feststellung ihrer Personalien zu verhindern. In diesem Fall ist die Festnahme dieser Person gemäß § 229 BGB möglich.

Antwort 47
Das *Recht auf Selbsthilfe* darf nicht weiter gehen, als es zur Abwendung der Gefahr (also des Anspruchsverlustes) erforderlich ist.

Antwort 48
Die irrtümliche Wahrnehmung der *Selbsthilfe* verpflichtet gemäß § 231 BGB zum Schadenersatz, auch wenn in Bezug auf den Irrtum nicht einmal Fahrlässigkeit vorgeworfen werden kann, also ein *schuldloses Verhalten* gegeben ist.

Antwort 49
Eine „unerlaubte Handlung" im Sinne des § 823 BGB liegt vor, wenn jemand durch vorsätzliches oder fahrlässiges Handeln widerrechtlich ein Rechtsgut einer anderen Person verletzt.

Antwort 50
Gemäß § 823 BGB sind die *Rechtsgüter* Leben, Körper, Gesundheit, Freiheit und Eigentum sowie *sonstige Rechte* (wie z. B. der Besitz, das Namensrecht, das Erbrecht, das Pfandrecht oder das Patentrecht) geschützt.

Antwort 51
Ja, denn es wird das Rechtsgut *Eigentum* verletzt, das im § 823 BGB ausdrücklich genannt ist.

Antwort 52
Keine „sonstigen Rechte" sind beispielsweise Forderungsrechte, da sie nicht für jedermann Geltung haben, sondern nur bestimmte Personen verpflichten (z. B. durch individuelle vertragliche Vereinbarungen).

Frage 53

Können Sie ein Beispiel nennen, wann eine Schadenersatzpflicht besteht, obwohl keine Straftat vorliegt?

Frage 54

Gemäß § 823 BGB hat auch derjenige die Pflicht, Schadenersatz zu leisten, der gegen ein den *Schutz des anderen bezweckendes Gesetz* verstößt. Welche gesetzlichen Bestimmungen sind hier (ganz allgemein) gemeint?

Frage 55

Wer ist *Besitzer* im Sinne des § 854 BGB?

Frage 56

Wodurch unterscheidet sich der *Besitzdiener* (§ 855 BGB) vom *Besitzer*?

Frage 57

Welche Eigenschaft trifft in Bezug auf den Besitz in der Regel für eine Sicherheitskraft zu? Bilden Sie hierzu ein Beispiel.

Frage 58

Welches Verhalten ist gemäß § 858 BGB als *verbotene Eigenmacht* zu bewerten? Erläutern Sie hierzu ein Beispiel aus der Praxis des gewerblichen Sicherheitsdienstes.

Frage 59

Darf sich der *Besitzer* einer Sache gegen *verbotene Eigenmacht* zur Wehr setzen?

Antwort 53
Ein Werksangehöriger rangiert mit seinem Firmenfahrzeug unachtsam und beschädigt versehentlich die Mauer der Lagerhalle der Firma. (Es handelt sich um eine fahrlässige Sachbeschädigung, die nicht strafbar ist.)

Antwort 54
Schutzgesetz bezeichnet nach dem Deliktsrecht des § 823 Abs. 2 BGB die Schadenersatzpflicht, die jemanden trifft, der gegen eine den Schutz eines anderen bezweckende gesetzliche Bestimmung verstößt, insbesondere des Öffentlichen Rechts.

Antwort 55
Besitzer ist, wer die *tatsächliche Verfügungsgewalt/Sachherrschaft über eine Sache* ausübt.

Antwort 56
Der *Besitzdiener* übt die tatsächliche Gewalt über eine Sache *für einen anderen* (den Besitzer) aus.

Antwort 57
Eine Sicherheitskraft übt *die tatsächliche Gewalt über eine Sache für einen anderen in dessen Erwerbsgeschäft aus* (Betriebs-/Werksgelände/Hausrechtsbereich). Sie ist also in der Regel *Besitzdiener.*
Beispiel: Bei den für den Dienstbetrieb überlassenen Gegenständen (Dienstkleidung, Funkgerät) hat der Angehörige des gewerblichen Sicherheitsdienstes in Bezug auf die Verwendung dieser Sachen den Anweisungen des Firmeninhabers (also des Besitzers) zu folgen.

Antwort 58
Eine Sicherheitskraft verschenkt oder verkauft die ihr vom Arbeitgeber zur Dienstverrichtung überlassenen Ausrüstungsgegenstände.

Antwort 59
Ja, der Besitzer darf sich der *verbotenen Eigenmacht* in Form der Besitzstörung mit Gewalt erwehren *(Besitzwehr,* § 859 Abs. 1 BGB).
Gemäß § 859 Abs. 2 BGB ist es dem Besitzer außerdem gestattet, dass er dem Täter eine durch *verbotene Eigenmacht* weggenommene Sache (Besitzentzug) wieder abnehmen darf, wenn er den Täter auf frischer Tat betrifft oder verfolgt *(Besitzkehr).*

Frage 60

Was bedeutet im Rahmen der „Besitzkehr“ – also des Rechts der „Wiederbemächtigung einer Sache“, die durch *verbotene Eigenmacht* entzogen worden ist – *„auf frischer Tat betroffen oder verfolgt“*?

Frage 61

Hat auch ein *Besitzdiener* in Bezug auf *verbotene Eigenmacht* das Recht wie ein Besitzer?

Frage 62

Was bedeutet Besitzentziehung?

Frage 63

Die Sicherheitskraft **A** hat unzulässigerweise das der Sicherheitskraft **B** dienstlich überlassene Funkgerät an sich genommen und übt nun die tatsächliche Gewalt über das Gerät aus. Kann **A** sich einem Dritten gegenüber auch der *verbotenen Eigenmacht* nach § 859 BGB erwehren?

Frage 64

Wann ist eine *Besitzstörung* im Sinne des § 858 BGB gegeben? Können Sie dies durch Beispiele verdeutlichen?

Frage 65

Gibt es im Zusammenhang mit der Wahrnehmung des Selbsthilferechts des Besitzers in Bezug auf die zugestandene Gewaltanwendung eine Grenze?

Frage 66

Ist die Anwendung von Gewalt im Falle einer Selbsthilfe gegen *verbotene Eigenmacht* im Sinne des § 859 BGB davon abhängig, ob obrigkeitliche Hilfe nicht rechtzeitig zu erlangen ist, wie es im Falle der Selbsthilfe nach § 229 BGB gefordert wird?

Antwort 60

Das Recht auf Wegnahme gemäß § 859 Abs. 2 BGB ist nach dem Wortlaut „auf frischer Tat betroffen oder verfolgt" *zeitlich begrenzt*; das heißt, es muss zumindest eine *andauernde* Verfolgung gegeben sein. Der „Täter" muss eindeutig identifizierbar sein.

Antwort 61

Ja, das Recht, sich gegen *verbotene Eigenmacht* zu wehren (Selbsthilfe des Besitzers), wird gemäß § 860 BGB auch dem Besitzdiener zugestanden. Ihm stehen grundsätzlich die gleichen Rechte zu.

Antwort 62

Die *Besitzentziehung* bedeutet den Verlust der tatsächlichen Gewalt über eine Sache, z. B. durch Wegnahme einer Sache oder unberechtigtes Parken auf einem Grundstück.

Antwort 63

Ja, denn den Schutz des Besitzes gegen Eingriffe Dritter hat *jeder* Besitzer, gleichgültig, auf welche Weise er den Besitz erlangt hat.

Antwort 64

Eine *Besitzstörung* ist gegeben, wenn die Ausübung der tatsächlichen Verfügungsgewalt beeinträchtigt ist.

Beispiele:

- unberechtigtes Betreten bzw. Befahren eines Grundstücks;
- ein Beschäftigter weigert sich, nach erfolgter Entlassung seinen Arbeitsplatz zu räumen;
- das Anbringen von Plakaten ohne Zustimmung des Berechtigten.

Antwort 65

Die Gewaltanwendung muss *erforderlich* sein und darf nicht über das gebotene Maß hinausgehen, um die verbotene Eigenmacht abzuwehren. Das heißt, es ist auch hier *der Grundsatz der Verhältnismäßigkeit* zu beachten.

Antwort 66

Nein, im Falle der Wahrnehmung des Rechts der Selbsthilfe des Besitzers ist nicht gefordert, dass obrigkeitliche Hilfe nicht rechtzeitig zu erlangen ist. Es besteht die Gefahr, dass ohne sofortiges Eingreifen die Durchsetzung eines zivilrechtlichen Anspruchs vereitelt oder wesentlich erschwert wird.

Frage 67

Was ist der Unterschied zwischen einem *Eigentümer* und einem *Besitzer*? Nennen Sie hierzu ein Beispiel.

Frage 68

Haben Sicherheitskräfte als Besitzdiener, die in der Regel den heutigen Gegebenheiten entsprechend nach den Weisungen eines Besitzers zu handeln haben, auch den Anordnungen eines nicht ständig vor Ort anwesenden Eigentümers unmittelbar Folge zu leisten?

Frage 69

Können Sie ein Beispiel nennen, in dem der Eigentümer einer Sache nicht berechtigt ist, die Einwirkung eines anderen auf die Sache zu verbieten?

Antwort 67

Der *Eigentümer* übt im Sinne des § 903 BGB die *rechtliche Verfügungsgewalt über eine Sache* aus.

Der Eigentümer kann mit einer Sache nach Belieben verfahren, er kann sie verkaufen, verschenken, vererben oder vermieten, während der Besitzer dies nicht darf und bei derartigen Rechtsgeschäften praxisbezogen stets gemäß Auftrag des Eigentümers handelt oder dessen Zustimmung benötigt.

Antwort 68

Ja, denn sie sind gemäß ihrer Aufgabenzuweisung auch für den Schutz des Eigentums verantwortlich, und die Anordnungen des Eigentümers haben insoweit stets eine besondere Bedeutung (vgl. hierzu die Antwort 17). Maßgeblich ist hier die Dienstanweisung.

Antwort 69

Wenn ein anderer auf die Sache einwirkt, um eine gegenwärtige Gefahr abzuwenden. Das heißt, wenn beispielsweise ein Fall des *aggressiven Notstands nach § 904 BGB* vorliegt (vgl. dazu die Antwort 40).

5. Rechtliche Stellung der Schutz- und Sicherheitskraft im Unternehmen

Frage 70
Welches ist „allgemein“ die rechtliche Grundlage, die unter anderem auch die dienstleistenden Sicherheitskräfte und den Auftraggeber (Unternehmer) im Rahmen eines Dienstvertrages zur Wahrnehmung der vereinbarten Leistungen verpflichtet?

Frage 71
Kennen Sie noch andere gesetzliche Vorschriften, die für einen Dienstvertrag gelten?

Frage 72
Enthält auch das BGB eine „generelle“ Vorschrift, wonach die Sicherheit im Betrieb zu gewährleisten ist?

Frage 73
Welche anderen „speziellen“ Gesetze bzw. Verordnungen verpflichten den Arbeitgeber, Sicherheitsmaßnahmen im Betrieb zu veranlassen?

Frage 74
Woraus ergeben sich die Aufgaben des gewerblichen Sicherheitsdienstes in einem Unternehmen?

Frage 75
Bedarf ein Unternehmer bei der Festlegung der Aufgaben des gewerblichen Sicherheitsdienstes der Zustimmung anderer?

Antwort 70

Das „Wesen des Dienstvertrages" ist in § 611 BGB beschrieben. Danach ist unter anderem auch der private Sicherheitsdienst verpflichtet, die zugesagten Dienste zu leisten; im Gegenzug hat der Auftraggeber die Pflicht, diese Dienste zu vergüten.

Antwort 71

Ja, es handelt sich um die Vorschriften des Arbeitsrechts, etwa das Arbeitszeitgesetz, das Betriebsverfassungsgesetz, das Kündigungsschutzgesetz und das Tarifrecht nach Tarifvertragsgesetz.

Antwort 72

Ja, gemäß § 618 BGB hat der Arbeitgeber (Unternehmer) die Pflicht, den Betrieb so zu gestalten, dass der Arbeitnehmer vor Gefahren für Leben und Gesundheit geschützt ist (vgl. dazu das Arbeitsschutzgesetz sowie die Unfallverhütungsvorschriften der DGUV).

Antwort 73

Gesetze oder Verordnungen, aufgrund derer bestimmte Sicherheitsmaßnahmen im Betrieb getroffen werden müssen, sind unter anderem das Arbeitsschutzgesetz, *die Gewerbeordnung, die Verordnung über Arbeitsstätten, das Immissionsschutzgesetz, das Atomgesetz, die Störfallverordnung* und *die Gefahrstoffverordnung.*

Antwort 74

Die Aufgaben des gewerblichen Sicherheitsdienstes werden vom Unternehmer in einer *Dienstanweisung, durch Richtlinien oder durch andere schriftliche Anweisungen* festgelegt. Der Unternehmer kann diese Aufgabe selbst wahrnehmen oder auf sach- und fachkundige Personen übertragen.

Antwort 75

Ja, wenn ein Unternehmer dem Sicherheitsdienst Aufgaben überträgt, die nach dem Betriebsverfassungsgesetz zu den *mitbestimmungspflichtigen Angelegenheiten* gehören, bedarf dies der *Zustimmung des Betriebsrats.*

■ **Frage 76**

Darf der gewerbliche Sicherheitsdienst nur auf dem Gelände des Betriebes tätig werden?

■ **Frage 77**

Darf eine private Sicherheitskraft streiken?

■ **Frage 78**

Kann zur Durchsetzung der innerbetrieblichen Ordnung die Polizei herangezogen werden?

Antwort 76

Der private Sicherheitsdienst darf zur Aufrechterhaltung von Sicherheit und Ordnung generell nur auf dem Betriebsgelände (Hausrechtsbereich) tätig werden.
Der gewerbliche Sicherheitsdienst ist ein privater Dienstleister für den Kunden. Für ihn gelten also grundsätzlich nur die Rechte, die jedermann in Bezug auf den Schutz des privaten Eigentums zugestanden werden (Jedermannsrechte).
Der private Sicherheitsdienst darf jedoch beispielsweise auch auf einem Parkplatz tätig werden, der sich zwar außerhalb des Betriebsgeländes befindet und für jedermann zugänglich ist, aber zum Eigentum oder Besitz des Betriebes gehört (vgl. dazu auch die Antworten 23 und 32).

Antwort 77

Grundsätzlich steht auch einer privaten Sicherheitskraft das Streikrecht zu. In der Regel sind private Sicherheitskräfte aber verpflichtet, gerade bei Arbeitskämpfen verstärkt für die Aufrechterhaltung der Sicherheit und Ordnung im Betrieb zu sorgen, und gehören daher regelmäßig zu den Personen, die sog. „Notarbeiten" zu verrichten haben.
Das Streikrecht kann daher nur dann wahrgenommen werden, wenn für die Notarbeiten ggf. nicht alle Sicherheitskräfte eingesetzt werden müssen. Dies wird aber in der Praxis kaum gegeben sein, da meistens nicht vorhersehbar ist, wie sich eine tarifliche Auseinandersetzung entwickelt.

Antwort 78

Nein, die Polizei ist im Fall von Verstößen gegen die innerbetriebliche Ordnung nicht befugt einzuschreiten. Es sei denn, sie wird zur Feststellung der Personalien herangezogen, *weil gegenüber einem Verpflichteten ein Rechtsanspruch besteht* und gerichtliche Hilfe nicht rechtzeitig zu erlangen ist (vgl. dazu die Antwort 44).

6. Strafrecht

6.1 Grundlagen der Strafbarkeit

- **Frage 79**
  Was versteht man unter *Strafrecht*?

- **Frage 80**
  Was regelt das *Strafverfahrensrecht*?

- **Frage 81**
  In welchen *gesetzlichen Bestimmungen* ist beschrieben, was mit Strafe bedroht ist?

- **Frage 82**
  Können Sie einige *strafrechtliche Nebengesetze* nennen, in denen ein Verhalten beschrieben ist, das ebenfalls mit Strafe bedroht ist?

- **Frage 83**
  Wie unterscheidet man eine *Straftat* und eine *unerlaubte Handlung*?

- **Frage 84**
  Kann eine Straftat auch gleichzeitig eine *unerlaubte Handlung* sein?

- **Frage 85**
  Wodurch unterscheidet sich eine *Ordnungswidrigkeit* von einer Straftat?

- **Frage 86**
  Welche Voraussetzung muss generell gegeben sein (beschrieben in § 1 StGB), damit jemand wegen eines bestimmten Verhaltens bestraft werden kann?

Antwort 79
Das *Strafrecht* umfasst verbotene Verhaltensweisen, die in gesetzlichen Bestimmungen beschrieben (Bestimmtheitsgrundsatz) und mit Strafe (Freiheitsstrafe oder Geldstrafe) bedroht sind (materielles Recht).

Antwort 80
Im „Strafverfahrensrecht" sind die *Formvorschriften* für die Durchführung des Strafverfahrens beschrieben (formelles Recht, z. B. StPO).

Antwort 81
Im *Strafgesetzbuch* (StGB) und in den *strafrechtlichen Nebengesetzen.*

Antwort 82
Strafrechtliche Nebengesetze sind beispielsweise das Waffengesetz, das Versammlungsgesetz, das Aufenthaltsgesetz, das Bundesdatenschutzgesetz, die Datenschutzgesetze der Länder, das Betäubungsmittelgesetz, das Atomgesetz und das Schwarzarbeitergesetz.

Antwort 83
Der Unterschied zwischen einer *Straftat* und einer *unerlaubten Handlung* ergibt sich aus den Folgen.
Eine *Straftat* wird mit Freiheitsstrafe oder mit Geldstrafe bedroht. Eine *unerlaubte Handlung* verpflichtet zum Schadenersatz.

Antwort 84
Ja, wer eine Straftat begeht, ist möglicherweise im Einzelfall gegenüber dem Opfer auch schadenersatzpflichtig.

Antwort 85
Bei einer Ordnungswidrigkeit sind die Folgen eine Verwarnung oder ein Bußgeld und ggf. bestimmte Auflagen.
Die Rechtsfolgen einer Straftat sind eine Freiheits- oder Geldstrafe.

Antwort 86
Die Strafbarkeit eines Verhaltens muss gesetzlich bestimmt sein, bevor die Tat begangen wurde = *Keine Strafe ohne Gesetz*!
Dies nennt sich *Rückwirkungsverbot.*

Frage 87
Wo ist der *Geltungsbereich des deutschen Strafrechts beschrieben*?

Frage 88
Ist das deutsche Strafrecht auch bei einem strafrechtlich tatbestandsmäßigen Verhalten auf einer *Privatjacht* anwendbar, die sich *im Bereich internationaler Gewässer* befindet (z. B. bei einer Straftat zum Nachteil Ihrer deutschen Schutzperson, die Sie als Sicherheitskraft begleiten oder dessen Wertsachen Sie schützen sollen)?

Frage 89
Können auch Straftatbestände, die ein Handeln beschreiben, durch *Unterlassen* „begangen" werden?

Frage 90
Wann kann jemand durch ein *Unterlassen* (also die Nichtvornahme einer an sich gebotenen Handlung) bestraft werden?

Frage 91
Haben Sicherheitskräfte eine Garantenstellung, aus der sich eine Garantenpflicht und damit auch in bestimmten Fällen die Pflicht zum Handeln ergibt?

Frage 92
Können Sie ein Beispiel nennen, wann eine Pflichtverletzung einer Sicherheitskraft durch Unterlassen strafrechtlich verfolgt werden kann?

Frage 93
Können *persönliche Merkmale* (also Voraussetzungen für Rechte und Pflichten), aufgrund derer jemand zur Verantwortung gezogen werden kann, und *die eigentlich nur auf den Inhaber eines Betriebes zutreffen,* auch bei Angehörigen des gewerblichen Sicherheitsdienstes eine Rolle spielen?

Antwort 87
Dies ist im Ersten Teil des *Allgemeinen Teils* des Strafgesetzbuches, also in den §§ 1–10 StGB geregelt.

Antwort 88
Ja, denn das deutsche Strafrecht gilt auch dort, wo der Tatort keiner Strafgewalt unterliegt, wenn die Straftat gegen einen deutschen Staatsangehörigen begangen wird.

Antwort 89
Ja, ein strafbares Verhalten, das ein Handeln beschreibt, kann auch durch *Unterlassen* verwirklicht werden.
Es handelt sich um sog. echte oder unechte Unterlassungsdelikte (vgl. hierzu auch die Antwort 136).

Antwort 90
Durch „Unterlassen" kann nur jemand bestraft werden, wenn er rechtlich dafür einzustehen hat, dass ein bestimmter „Erfolg" nicht eintritt (§ 13 StGB „Begehen durch Unterlassen"). Dies bedeutet:
- Es muss eine *Rechtspflicht zum Handeln* gegeben sein.
- Der Täter wendet einen Erfolg nicht ab, obwohl er eine *Garantenstellung* innehat, aus der sich eine *Garantenpflicht* ergibt.
- Es muss ein Handeln *möglich* und *zumutbar* sein.

Antwort 91
Ja. Private Sicherheitskräfte haben eine Garantenpflicht. Dies ergibt sich aus ihrem Arbeits-/Dienstvertrag und der Dienstanweisung.

Antwort 92
Eine *Pflichtverletzung durch Unterlassen* ist beispielsweise dann gegeben, wenn es die Sicherheitskraft unterlässt, im Falle eines entdeckten Entstehungsbrandes die Meldekette auszulösen, um Leben und Eigentum zu schützen.

Antwort 93
Ja, im Strafgesetzbuch wird dies als „Handeln für einen anderen" (§ 14 StGB) beschrieben. Es liegt vor, wenn die private Sicherheitsfachkraft *ausdrücklich beauftragt* ist, bestimmte Rechte oder Pflichten, die konkret benannt sein müssen, wahrzunehmen.
Eine private Sicherheitsfachkraft wird dann strafrechtlich so behandelt, als wäre sie selbst *eigentlicher Inhaber* dieser Pflicht.

Frage 94

Können Sie kurz erläutern, wann *persönliche Merkmale im Sinne des § 14 StGB* auf eine Sicherheitskraft zutreffen, und durch welche Rechtsgrundlage dies begründet ist?

Frage 95

Je nach der Schwere einer Straftat werden die Tatbestände als Verbrechen oder Vergehen bezeichnet. Was ist der Unterschied zwischen einem Verbrechen und einem Vergehen?

Frage 96

Gibt es Gründe, warum auch eine private Sicherheitskraft wissen sollte, ob es sich bei einer Straftat um ein Verbrechen oder Vergehen handelt?

Frage 97

Was versteht man unter dem *Versuch* einer Straftat?

Frage 98

Im Allgemeinen Teil des Strafgesetzbuches werden bestimmte Teilnahmeformen bei der Begehung von Straftaten beschrieben. Um welche Formen der Teilnahme handelt es sich?

Antwort 94

In einigen gesetzlichen Vorschriften werden die Begriffe *Inhaber eines Betriebes* oder *Unternehmer* bzw. *der Gewerbetreibende* genannt, denen bestimmte Pflichten auferlegt sind. Diese Pflichten (wie z.B. die Einhaltung von Auflagen des Arbeitsschutzes) können auf einen bestimmten Beschäftigten des gewerblichen Sicherheitsdienstes delegiert sein, der dann für deren Einhaltung *eigenverantwortlich* ist.

Als „Rechtsgrundlage" kommt hier der „ausdrückliche Auftrag" per Einzelanweisung – oder die konkrete Beschreibung der Aufgabe im Arbeits- oder Dienstvertrag – infrage.

Antwort 95

Der Unterschied liegt im angedrohten Strafmaß (Mindestmaß). § 12 StGB „Verbrechen und Vergehen" führt dazu aus:

- „*Verbrechen* sind rechtswidrige Taten, die im Mindestmaß mit Freiheitsstrafe von einem Jahr oder darüber bedroht sind" (Abs. 1).
- „*Vergehen* sind rechtswidrige Taten, die im Mindestmaß mit einer geringeren Freiheitsstrafe oder die mit Geldstrafe bedroht sind" (Abs. 2).
- „Schärfungen oder Milderungen, die nach den Vorschriften des Allgemeinen Teils oder für besonders schwere oder minder schwere Fälle vorgesehen sind, bleiben für die Einteilung außer Betracht" (Abs. 3).

Antwort 96

Ja, denn der Versuch eines Verbrechens ist stets strafbar. Bei einem Vergehen ist der Versuch nur dann strafbar, wenn das Gesetz es ausdrücklich bestimmt (§ 23 StGB).

Antwort 97

Eine Straftat versucht, wer nach seiner Vorstellung von der Tat zur Verwirklichung des Tatbestandes unmittelbar ansetzt (§ 22 StGB), oder, anders ausgedrückt, wenn objektiv der „Anfang der Ausführung" einer Straftat erkennbar ist, wodurch das zu schützende Rechtsgut bereits *unmittelbar gefährdet* wird.

Antwort 98

Es handelt sich um die *Täterschaft* (§ 25 StGB), die *Anstiftung* (§ 26 StGB) und die *Beihilfe* (§ 27 StGB).

- **Frage 99**
  Wann liegt eine *Mittäterschaft* (§ 25 Abs. 2 StGB) vor, und welches sind hierfür die Voraussetzungen?

- **Frage 100**
  Wovon ist es grundsätzlich abhängig, ob jemand wegen Anstiftung oder Beihilfe zu einer Straftat bestraft werden kann?

- **Frage 101**
  Kann jemand wegen einer *Anstiftung zu einem Tötungsdelikt* bestraft werden, wenn die Tat gar nicht ausgeführt wird?

6.2 Objektive und subjektive Tatbestandsmerkmale, Rechtfertigungsgründe, Entschuldigungsgründe

- **Frage 102**
  Welches sind die Voraussetzungen für das Vorliegen einer Straftat *(Elemente einer Straftat)*?

- **Frage 103**
  Was versteht man unter einem *tatbestandsmäßigen Handeln oder Unterlassen*?

- **Frage 104**
  Wann ist ein Verhalten *rechtswidrig*?

Antwort 99
Mittäterschaft liegt vor, wenn mehrere Täter gemeinschaftlich handeln. Kennzeichen der gemeinsamen Tatverwirklichung sind:
- der gemeinsame Tatentschluss;
- bewusstes und gewolltes Zusammenwirken;
- der gemeinsame Erfolgswille
  und
- die Tatherrschaft eines jeden Beteiligten.

Antwort 100
Eine Bestrafung wegen Anstiftung oder Beihilfe ist grundsätzlich davon abhängig, dass die Haupttat auch begangen wird.

Antwort 101
Ja, denn die erfolglose (versuchte) *Anstiftung zu einem Verbrechen* ist gemäß § 30 StGB mit Strafe bedroht.
Der Anstifter muss in diesem Fall mit einer Bestrafung wegen *„Versuchs des Tötungsdelikts"* rechnen, zu dem er angestiftet hat.

Antwort 102
Ein strafbares Verhalten ist dann gegeben, wenn ein *tatbestandsmäßiges, rechtswidriges und schuldhaftes Handeln oder Unterlassen* vorliegt.

Antwort 103
Ein *tatbestandsmäßiges Handeln oder Unterlassen* liegt vor, wenn durch das Verhalten die Tatbestandsmerkmale (TBM, beschrieben in einer gesetzlichen Bestimmung) eines Gesetzes erfüllt sind.

Antwort 104
Ein *rechtswidriges* Verhalten liegt vor, wenn der Täter kein Recht für sein Handeln oder Unterlassen in Anspruch nehmen kann = Er verstößt gegen ein Gesetz, erfüllt die TBM eines Gesetzes und hat keinen *Rechtfertigungsgrund.*

Frage 105
Können Sie einige Rechtfertigungsgründe nennen, die die Rechtswidrigkeit ausschließen, und dazu ein Beispiel nennen?

Frage 106
Können Sie den Tatbestand der *Notwehr* gemäß § 32 Abs. 2 StGB beschreiben?

Frage 107
Was verstehen Sie im Rahmen einer Notwehrhandlung unter einer „erforderlichen“ Verteidigungshandlung?

Frage 108
Was ist unter einem „Angriff“ zu verstehen?

Frage 109
Von wem oder was kann in einer Notwehrsituation ein Angriff erfolgen?

Frage 110
Wann ist im Falle einer Notwehr ein Angriff „gegenwärtig“?

Frage 111
Was versteht man unter dem Merkmal „rechtswidrig“?

Antwort 105
Rechtfertigungsgründe sind gegeben, wenn jemand in „Notwehr" (§ 32 StGB, § 227 BGB oder § 15 OWiG) handelt oder den „Verteidigungsnotstand" (§ 228 BGB), den „Angriffsnotstand" (§ 904 BGB), den „rechtfertigenden Notstand" (§ 34 StGB) in Anspruch nehmen kann oder wenn die „Einwilligung des Verletzten" (z. B. gemäß § 228 StGB) vorliegt.
Beispiel: Eine Sicherheitskraft wird während des Tordienstes von einem Hund angegriffen und setzt einen Schlagstock zur Abwehr ein, wodurch der Hund verletzt wird; es liegt ein Fall des „Verteidigungsnotstands" (§ 228 BGB) vor.
(Zur Erläuterung der Rechtfertigungsgründe, die im BGB beschrieben sind, wird auch auf die Antworten 35 bis 43 hingewiesen.)

Antwort 106
Gemäß § 32 Abs. 2 StGB ist *Notwehr* die Verteidigung, die erforderlich ist, um einen gegenwärtigen rechtswidrigen Angriff von sich oder einem anderen abzuwenden (vgl. dazu auch die in der Antwort 105 genannten weiteren gesetzlichen Bestimmungen).

Antwort 107
Im Rahmen einer Notwehrhandlung ist eine Verteidigung als „erforderlich" anzusehen, die nach objektiver Sachlage und nach den Verhältnissen im Augenblick des Angriffs die sofortige Beendigung des Angriffs erwarten lässt und damit zu einer endgültigen Gefahrenbeseitigung führt. Es ist möglichst ein angemessene Mittel einzusetzen und der Grundsatz der Verhältnismäßigkeit zu beachten. Die Verteidigungshandlung ist zeitlich begrenzt und darf nur dem Zweck dienen, den Angriff abzuwenden.

Antwort 108
„Angriff" ist jede von Menschen drohende Verletzung rechtlich geschützter Interessen, das heißt eine unmittelbar auf das Rechtsgut eines anderen zielende Einwirkung.

Antwort 109
Der Angriff kann nur von einem Menschen erfolgen.

Antwort 110
Als „gegenwärtig" ist ein Angriff dann anzusehen, wenn er unmittelbar bevorsteht (z. B. Ausholen zu einem Schlag), gerade stattfindet oder andauert.

Antwort 111
„Rechtswidrig" ist jedes „unberechtigte" Handeln, unabhängig von der Schuldfrage (vgl. dazu die Antwort 104).

Frage 112
Was versteht man unter „Nothilfe"?

Frage 113
Wann liegt ein *rechtfertigender Notstand* gemäß § 34 StGB vor?

Frage 114
Können Sie anhand von Beispielen verdeutlichen, wann ein *rechtfertigender Notstand* angenommen werden kann?

Frage 115
Was verstehen Sie unter dem Begriff *Schuld*?

Frage 116
Ist es im Strafrecht jeweils notwendig, auch zu prüfen, ob jemand schuldhaft gehandelt hat?

Frage 117
Welche *Schuldformen* sind in § 15 StGB genannt und somit strafbar?

Frage 118
Was ist unter einem *vorsätzlichen Handeln* zu verstehen?

Antwort 112
„Nothilfe“ ist eine Notwehrhandlung für einen anderen.

Antwort 113
Ein *rechtfertigender Notstand* liegt vor, wenn jemand eine Tat begeht, um eine gegenwärtige Gefahr für *Leben, Leib, Freiheit, Ehre, Eigentum oder ein anderes Rechtsgut* (also für alle Rechtsgüter) von sich oder einem anderen abzuwenden und die Gefahr nicht auf eine andere Art und Weise beseitigt werden kann.
Es muss außerdem eine „Rechtsgüterabwägung“ vorgenommen werden, denn das betroffene Rechtsgut muss höherwertiger sein als das beeinträchtigte Gut.
Die Tat muss des Weiteren ein „angemessenes Mittel“ (verhältnismäßig) sein, um die Gefahr abzuwenden.

Antwort 114
Ein *rechtfertigender Notstand* ist beispielsweise gegeben,

- wenn jemand, ohne im Besitz einer Fahrerlaubnis zu sein, einen Verletzten mit einem Pkw in das nächstgelegene Krankenhaus fährt oder
- wenn **A** den **B** zu Boden reißt, um ein Überfahren des **B** durch ein herannahendes Fahrzeug zu verhindern, wodurch **B** leicht verletzt wird (= das Leben ist ein höherwertigeres Rechtsgut als der leichte gesundheitliche Schaden).

Antwort 115
Der Begriff *Schuld* ist gleichzusetzen mit „Vorwerfbarkeit“. Das heißt, dem Täter wird vorgeworfen, dass er sich unrechtmäßig verhalten hat, obwohl er sich dem Recht entsprechend hätte verhalten können. Die Schuld wird in Schuldform und Schuldfähigkeit unterschieden (vgl. dazu §§ 15, 19, 20, 21 StGB).

Antwort 116
Ja, denn es gilt im Strafrecht das *Schuldprinzip* = „Ohne Schuld keine Strafe“.

Antwort 117
Es handelt sich um die „Schuldformen“ des *Vorsatzes* und der *Fahrlässigkeit.*

Antwort 118
Unter einem *vorsätzlichen Handeln* ist zu verstehen, dass der Täter „bewusst und gewollt“ die Tatbestandsmerkmale eines Gesetzes erfüllt.

- **Frage 119**
  In einigen strafrechtlichen Tatbeständen ist das Merkmal „Absicht“ genannt. Können Sie diese Form des sog. verschärften Vorsatzes beschreiben?

- **Frage 120**
  Wann handelt jemand *fahrlässig*?

- **Frage 121**
  Gibt es Personen, denen man absolut keinen Schuldvorwurf machen kann, weil sie gar *nicht schuldfähig* sind (Schuldausschließungsgründe)?

- **Frage 122**
  Warum ist es auch für eine Sicherheitskraft von Bedeutung, ob jemand *schuldunfähig* ist?

- **Frage 123**
  Kann von einer Sicherheitskraft erwartet werden, dass sie erkennt, ob jemand wegen seelischer Störungen oder der anderen Kriterien, die in § 20 StGB beschrieben sind, *schuldunfähig* ist?

- **Frage 124**
  Kann ein tatbestandsmäßiges und rechtswidriges Handeln oder Unterlassen auch „entschuldigt“ sein?

Antwort 119
Ein Handeln mit „Absicht" ist dann anzunehmen, wenn es dem Täter *gerade darauf ankommt*, die Tatbestandsmerkmale eines Gesetzes zu verwirklichen. Er handelt also nicht nur mit Vorsatz, sondern nimmt die Folgen seiner Tat billigend in Kauf.

Antwort 120
Fahrlässiges Handeln ist dann gegeben, wenn jemand *die besondere Sorgfalt außer Acht lässt, zu der er nach den Umständen und nach seinen persönlichen Verhältnissen verpflichtet und imstande ist.*
„Ein Vorsichtsmangel führt zum Vorstellungsmangel."

Antwort 121
Ja, *schuldunfähig* ist, wer zum Zeitpunkt der Tat noch nicht 14 Jahre alt ist (§ 19 StGB).
Ohne Schuld handelt gemäß § 20 StGB auch, wer bei Begehung der Tat wegen
- einer krankhaften seelischen Störung,
- einer tiefgreifenden Bewusstseinsstörung,
- einer Intelligenzminderung oder einer schweren anderen seelischen Störung

unfähig ist, das Unrecht der Tat einzusehen oder nach dieser Einsicht zu handeln.
§ 21 StGB beschreibt in Bezug auf § 20 eine verminderte Schuldfähigkeit und eine entsprechende Strafmilderung.

Antwort 122
Bei einer eindeutigen Feststellung, dass jemand *schuldunfähig* ist (z.B. Kinder), kann beispielsweise keine Festnahme gemäß § 127 Abs. 1 Satz 1 StPO (Festnahmerecht durch jedermann) erfolgen, da die „Bedingung" *zum Zwecke der Strafverfolgung* nicht gegeben ist. Kinder können keine Täter im Sinne dieses Rechtsbegriffs sein.

Antwort 123
Nein, denn für die Feststellung, ob jemand gemäß § 20 StGB *schuldunfähig* ist, bedarf es eines fachspezifischen Gutachtens.

Antwort 124
Ja, wenn ein *Entschuldigungsgrund* in Anspruch genommen werden kann.

Frage 125

Können Sie einige *Entschuldigungsgründe* nennen, die die Schuld ausschließen, und beispielhaft darlegen, wann ein solcher Grund vorliegt?

Antwort 125

„Entschuldigungsgründe“ sind *der Irrtum über Tatumstände* (§ 16 StGB), der *Verbotsirrtum* (§ 17 StGB), die *Überschreitung der Notwehr* (§ 33 StGB), die *Putativnotwehr* (analoge Anwendung des § 33 oder § 17 StGB) und der *entschuldigende Notstand* (§ 35 StGB).

Beispiele:

1. **A** nimmt den gleich aussehenden Mantel des **B** an sich und ist der Meinung, es handele sich um seinen Mantel. **A** irrt sich also über das Merkmal „fremd“ (ein Tatbestandsmerkmal des Diebstahls gemäß § 242 StGB). Er handelt damit ohne Vorsatz, sein Verhalten ist gemäß § 16 StGB **(Irrtum über Tatumstände)** *entschuldbar.*
2. **C** ist als ausländischer Besucher bei einer Firma und weiß nicht, dass es verboten ist, in der Nähe eines Tanklagers zu rauchen, da dies in seinem Heimatland gesetzlich nicht verboten ist (es ist ihm der Tatbestand des § 306f. StGB – Herbeiführen einer Brandgefahr – nicht bekannt), und er kann auch das Verbotsschild (deutsch) nicht lesen. Sein Verhalten kann damit gemäß § 17 StGB **(Verbotsirrtum)** *entschuldigt* sein.
3. Der in der Nacht auf Streife befindliche **D** erschrickt sich, als er hinter sich ein Geräusch wahrnimmt und im halbdunklen Bereich einer Lagerhalle eine Person **E** bemerkt, die einen länglichen Gegenstand in der Hand hält, der für **D** wie ein Gewehr aussieht. **D** macht daraufhin von seiner Schusswaffe Gebrauch, wodurch **E** schwer verletzt wird. Später stellt sich heraus, dass es sich bei dem **E** um einen Landstreicher handelt, der einen Wanderstock mitführte und im Betriebshof eine Schlafstelle suchte. Nach objektiver Sachlage kann das Verhalten des **D** gemäß § 33 StGB **(Notwehrüberschreitung: aus Verwirrung, Furcht oder Schrecken)** oder im Rahmen der **Putativnotwehr** wegen eines **„unvermeidbar irrigen Handelns“** *entschuldigt* sein.
4. **F** kann nach Ausbruch eines Feuers im Betrieb die Gefahr für sein Leben bzw. seine Gesundheit nur dadurch von sich abwenden, dass er die Atemschutzmaske des **G** anlegt. Als **G** ihm die Schutzmaske wegnehmen will, stößt ihn **F** zur Seite, wodurch **G**, der bekanntermaßen an Asthma leidet, der Rauchentwicklung nun schutzlos ausgesetzt ist und erstickt. Da **F** handelt, um sein Leben bzw. seine Gesundheit zu schützen, kann sein Verhalten gemäß § 35 StGB als *entschuldigt* angesehen werden.

- **Frage 126**
  Wodurch unterscheidet sich der *rechtfertigende Notstand* als „Rechtfertigungsgrund", der die Rechtswidrigkeit ausschließt, von dem *entschuldigenden Notstand*, der als „Entschuldigungsgrund" die Schuld eines Täters ausschließt?

6.3 Straftatbestände aus dem Besonderen Teil des StGB

- **Frage 127**
  Wann begeht jemand einen Hausfriedensbruch nach § 123 StGB?

- **Frage 128**
  Geschützte Objekte nach § 123 StGB (Hausfriedensbruch) sind u. a. die Wohnung und Geschäftsräume. Können Sie a) den Begriff „Wohnung" und b) den Begriff „Geschäftsräume" näher erläutern?

Antwort 126

Beim *rechtfertigenden Notstand* gemäß § 34 StGB ist *jedes Rechtsgut* geschützt, während beim *entschuldigenden Notstand* gemäß § 35 StGB nur die Rechtsgüter *Leben, Leib und Freiheit* als Schutzgüter möglich sind. Nach § 34 StGB kann man eine Gefahr von *sich* oder *jedem anderen* abwenden, nach § 35 StGB nur von *sich, einem Angehörigen* oder *einer nahestehenden Person.* § 34 StGB verlangt *eine Abwägung* des geschützten Interesses gegenüber dem beeinträchtigten Interesse; gemäß § 35 StGB wird *keine Abwägung* der Interessen gefordert.

Antwort 127

Ein Hausfriedensbruch liegt vor, wenn jemand in

- eine *Wohnung,*
- *Geschäftsräume,*
- ein *befriedetes Besitztum* eines anderen
  oder
- *abgeschlossene Räume, welche zum öffentlichen Dienst oder Verkehr bestimmt sind,*

„widerrechtlich eindringt" (erste Begehungsform) oder „darin ohne Befugnis verweilt und sich nach Aufforderung des Berechtigten nicht entfernt" (zweite Begehungsform, diese ist ein echtes Unterlassungsdelikt).

Antwort 128

1. Bei dem Begriff „Wohnung" handelt es sich um Räumlichkeiten, die einer oder mehreren Personen zum dauernden Aufenthalt dienen oder zur Benutzung freistehen. Hierzu zählen auch Hausflure, Treppenhäuser, Speicher, Keller, Tiefgaragen, Wohnwagen und Kabinenschiffe.
2. „Geschäftsräume" sind Räumlichkeiten, die hauptsächlich oder für eine bestimmte Dauer für eine Geschäftstätigkeit bestimmt sind. Die Geschäftstätigkeit muss nicht unbedingt auch eine Erwerbstätigkeit sein. Dazu zählen z. B. Büros, Werkstätten, Schankräume, Ateliers, Warenhäuser, Marktbuden, Zelte, ein Taxi oder ein Fahrschulfahrzeug.

- **Frage 129**
  Was verstehen Sie im Zusammenhang mit einem Hausfriedensbruch unter einem „befriedeten Besitztum"?

- **Frage 130**
  Muss der Berechtigte bei einem Verhalten nach der *zweiten Begehungsform* des Hausfriedensbruches – „ohne Befugnis darin verweilen und sich nach Aufforderung nicht entfernen" – mehrfach zum Verlassen auffordern?

- **Frage 131**
  Wer hat im Betrieb das Hausrecht? Kann das Hausrecht auch durch Beschäftigte des betrieblichen Sicherheitsdienstes (Inhouse Security) wahrgenommen werden?

- **Frage 132**
  Wird der Hausfriedensbruch bei einer Anzeige „von Amts wegen" verfolgt oder bedarf es zur Strafverfolgung eines zusätzlichen Antrags?

- **Frage 133**
  Wer kann wegen einer *Amtsanmaßung* gemäß § 132 StGB bestraft werden? Können Sie dazu ein Beispiel nennen?

- **Frage 134**
  Ist es strafbar, wenn jemand unbefugt Amts- oder Dienstbezeichnungen, akademische Titel oder akademische Grade führt?

Antwort 129
Als *befriedetes Besitztum* sind Grundstücke oder Grundstücksteile anzusehen, die in äußerlich erkennbarer Weise durch zusammenhängende Schutzwehren (z. B. durch Zäune, Hecken oder Mauern) gegen das willkürliche Betreten fremder Personen gesichert sind. Die Einfriedungen dürfen lückenhaft sein, wie dies z. B. bei Lagerplätzen oder Hausgärten oftmals der Fall ist. Hinweisschilder genügen aber nicht.

Antwort 130
Nein. Bei dem nach § 123 StGB tatbestandsmäßigen Verhalten „ohne Befugnis darin verweilen" genügt eine einmalige Aufforderung.
Es ist aber zu klären, ob die Aufforderung vom unbefugt Verweilenden überhaupt verstanden wurde.

Antwort 131
Das *Hausrecht* hat generell der Eigentümer einer Räumlichkeit bzw. bei Vermietungen oder Verpachtungen der Mieter oder Pächter. In Betrieben steht das Hausrecht der Geschäftsleitung zu. Es kann auch durch Auftrag der Geschäftsleitung und den sich daraus ergebenden konkreten Einzelanweisungen auf den betrieblichen Sicherheitsdienst delegiert sein.

Antwort 132
Beim Hausfriedensbruch handelt es sich um ein absolutes *Antragsdelikt*; das heißt, zur Strafverfolgung ist gemäß § 123 Abs. 2 StGB die Stellung eines *Strafantrages* erforderlich.

Antwort 133
Wegen *Amtsanmaßung* kann bestraft werden, wer sich unbefugt mit der Ausübung eines öffentlichen Amtes befasst oder eine Handlung vornimmt, die nur kraft eines öffentlichen Amtes vorgenommen werden darf.
Beispiel: Eine Sicherheitskraft in Dienstkleidung erteilt einem vor dem Werkstor falsch parkenden Pkw-Fahrer eine gebührenpflichtige Verwarnung.

Antwort 134
Ja. Wer unbefugt in- oder ausländische Amts- oder Dienstbezeichnungen, akademische Titel oder akademische Grade führt, macht sich gemäß § 132a StGB strafbar.

Frage 135

Gemäß § 138 StGB ist die „Nichtanzeige geplanter Straftaten“ strafbar. Muss man hier jedes geplante Verbrechen und Vergehen anzeigen?

Frage 136

Können Sie noch weitere Straftaten nennen, bei denen jedermann durch ein „Unterlassen“ einer gebotenen Handlung bestraft werden kann?

Frage 137

Gemäß § 145 StGB ist der *Missbrauch von Notrufen und die Beeinträchtigung von Unfallverhütungs- und Nothilfemitteln* mit Strafe bedroht. Können Sie hierzu ein paar Beispiele nennen, durch die ein tatbestandsmäßiges Verhalten dieser Vorschrift gegeben ist?

Frage 138

Ein Mitarbeiter des Sicherheitsdienstes löst versehentlich den Notruf aus. Kann er wegen Verstoßes gegen § 145 StGB „Missbrauch von Notrufen und Beeinträchtigung von Unfallverhütungs- und Nothilfemitteln“ bestraft werden?

Frage 139

Welche drei gesetzlichen Bestimmungen des Strafgesetzbuches sollen das Rechtsgut „Ehre“ für jedermann schützen?

Antwort 135
Nein. Nach § 138 StGB kann nur jemand bestraft werden, der *die in dieser Vorschrift genannten Verbrechen* nicht anzeigt, wenn er *glaubhaft davon erfahren hat* und die Ausführung oder der Erfolg der Tat *noch abgewendet* werden kann.
Bei den in § 138 StGB genannten Verbrechen handelt es sich beispielsweise um *Mord, Totschlag, Hochverrat, Landesverrat, Raub und räuberische Erpressung, Straftaten gegen die persönliche Freiheit, Bildung einer terroristischen Vereinigung, Geld- und Wertpapierfälschung oder um gemeingefährliche Straftaten (wie z.B. Brand- und Sprengstoffdelikte).*

Antwort 136
Außer der *Nichtanzeige geplanter Straftaten* gemäß § 138 StGB sind noch folgende Straftatbestände als „echte Unterlassungsdelikte" (also Tatbestände, die von jedermann „nur durch Unterlassen" verwirklicht werden können) zu nennen: *Unterlassene Hilfeleistung* gemäß § 323c StGB und das in § 123 StGB (Hausfriedensbruch) als *zweite Begehungsform* beschriebene Verhalten = „wer ohne Befugnis in einem der genannten Objekte verweilt und sich nach Aufforderung des Berechtigten nicht entfernt".

Antwort 137
Ein Verstoß gemäß § 145 StGB liegt vor, wenn beispielsweise folgende Sachverhalte gegeben sind:
1. **A** und **B** schließen eine Wette ab, dass die Feuerwehr keine zehn Minuten benötigt, um vor Ort zu sein, und betätigen den Feuermelder.
2. **C** entfernt am Zugang der Betriebslackiererei das Schild „Nur mit Atemschutzmaske zu betreten", bringt es während einer Feier an der Tür seiner „Junggesellenbude" an, nach der Feier bringt er dieses Schild wieder zurück.

Antwort 138
Nein, denn ein tatbestandsmäßiges Verhalten nach § 145 StGB setzt voraus, dass jemand „absichtlich" oder „wissentlich" (vorsätzlich) handeln muss. Ein versehentliches (fahrlässiges) Handeln ist hier nicht strafbar. (Es kann aber zur Folge haben, dass Gebühren für den Einsatz des Rettungsdienstes zu erstatten sind.)

Antwort 139
Das Rechtsgut „Ehre" für jedermann soll durch die gesetzlichen Bestimmungen der Beleidigung (§ 185 StGB), der üblen Nachrede (§ 186 StGB) und der Verleumdung (§ 187 StGB) geschützt werden.

Frage 140
Können Sie beschreiben, in welcher Form eine *Beleidigung* begangen werden kann, und dies kurz beispielhaft darlegen?

Frage 141
Worin besteht der grundlegende Unterschied zwischen einer *Beleidigung* und einer *üblen Nachrede* oder *Verleumdung*?

Frage 142
Bei einer *Beleidigung* wird in der Regel kein öffentliches Interesse an der Verfolgung bestehen. Was muss der Beleidigte tun (Prozessvoraussetzung), wenn die Tat strafrechtlich verfolgt werden soll?

Frage 143
Was wissen Sie über die Vertraulichkeit des nicht öffentlich gesprochenen Wortes? Können Sie hierzu ein Beispiel aus der Praxis des Sicherheitsdienstes darlegen?

Antwort 140

Eine „Beleidigung“ kann

- *wörtlich* (z. B. durch Schimpfworte und Werturteile),
- *schriftlich* (z. B. mittels eines Zettels, Briefes oder Plakates mit ehrverletzendem Inhalt),
- *bildlich* (z. B. durch eine Karikatur),
- *symbolisch* (durch Gesten oder Gebärden, z. B. „Vogel zeigen“) oder
- *durch Tätlichkeiten* (z. B. durch Anspucken, welches auch als Körperverletzung gem. § 223 StGB gewertet werden kann)

begangen werden.

Antwort 141

Bei einer *Beleidigung* wird der Beleidigte in der Regel direkt mit der Ehrverletzung konfrontiert.
Bei einer *üblen Nachrede* wird eine „ehrenrührige“ – *nicht als erweisbar wahre* – Tatsache verbreitet, die dazu geeignet ist, einen anderen verächtlich zu machen (der Beleidigte und der Empfänger sind hier *nicht personengleich*).
Bei einer *Verleumdung* wird die unwahre Tatsache *wider besseres Wissen* verbreitet *(das heißt, hier kennt der Täter von vornherein die Unwahrheit der Behauptung).*

Antwort 142

Eine Beleidigung wird gemäß § 194 StGB *nur auf Antrag* verfolgt; das heißt, der Beleidigte muss einen *Strafantrag* stellen (Absolutes Antragsdelikt).

Antwort 143

Die Verletzung der *Vertraulichkeit des nicht öffentlich gesprochenen Wortes* ist gemäß § 201 StGB strafbar, wenn jemand unbefugt

- das nicht öffentlich gesprochene Wort eines anderen auf *Tonträger aufnimmt* oder
- eine so hergestellte Aufnahme *gebraucht* oder
- *einem Dritten zugänglich macht* oder
- *mit einem Abhörgerät abhört.*

Beispiel: Ein Anrufer bittet um ein Gespräch mit der Sicherheitskraft **A**, um dem **A** *persönlich* etwas mitzuteilen. **B**, der den Anruf entgegennimmt und sich als Schichtleiter des **A** vorstellt, sagt dem Anrufer, dass er dem **A** die Mitteilung ja weitergeben könne, was der Anrufer aber nicht möchte. **B** verbindet daraufhin den Anrufer mit **A** und, weil er wissen will, was der Anrufer sagt, schaltet er ein Tonbandgerät ein und zeichnet das Gespräch auf. **B** handelt hier im Sinne des § 201 StGB tatbestandsmäßig. Für die Verfolgung dieser Tat ist gemäß § 205 StGB ein Strafantrag erforderlich.

Frage 144

Sie sind als Sicherheitskraft beauftragt, außerhalb der regulären Arbeitszeit Postsendungen für den Kunden entgegenzunehmen. Bei dieser Post befindet sich auch ein Brief, der persönlich an den Firmenchef gerichtet ist. Absender ist Ihr Nachbar, mit dem Sie nicht besonders gut auskommen. Sie öffnen diesen Brief, um zu erfahren, was der Nachbar Ihrem Chef mitteilen will. Haben Sie damit gegen eine gesetzliche Bestimmung des Strafgesetzbuches verstoßen?

Frage 145

Können Sie die Tatbestandsmerkmale einer Körperverletzung gemäß § 223 StGB nennen und diese kurz beschreiben?

Frage 146

Während des Tordienstes holt ein wegen der Kontrolle aufgebrachter Besucher Ihnen gegenüber zu einem Faustschlag aus. Ist dies bereits ein Verhalten, das gemäß § 223 StGB strafbar ist?

Frage 147

Kann eine Körperverletzung auch *fahrlässig* (also durch vorwerfbare Unachtsamkeit) begangen werden?

Antwort 144
Ja, denn es liegt hier eine *Verletzung des Briefgeheimnisses vor,* die gemäß § 202 StGB strafbar ist.
Es handelt sich um ein Antragsdelikt; für die Strafverfolgung ist gemäß § 205 StGB die Stellung eines Strafantrags erforderlich.

Antwort 145
Die Tatbestandsmerkmale einer einfachen vorsätzlichen Körperverletzung sind gemäß § 223 StGB die *körperliche Misshandlung* oder *die Gesundheitsschädigung* einer anderen Person.
Unter einer „körperlichen Misshandlung" ist ein unangemessenes und übles Behandeln zu verstehen, durch das das *körperliche Wohlbefinden* oder die körperliche Unversehrtheit *beeinträchtigt* wird (z.B. durch Anspucken, Schläge oder leichte Tritte).
Eine „Gesundheitsschädigung" ist jede *Herbeiführung oder Steigerung eines nicht nur unerheblichen krankhaften Zustands* ohne Rücksicht auf dessen Dauer (z.B. auch schon gegeben durch Herbeiführung eines Rauschzustands).

Antwort 146
Ja, denn es handelt sich hier eindeutig um den *Versuch einer Körperverletzung,* der gemäß § 223 Abs. 2 StGB strafbar ist.

Antwort 147
Ja, denn gemäß § 229 StGB ist auch die *fahrlässige* Körperverletzung strafbar; das heißt, wenn der Täter bei Aufwendung der erforderlichen Aufmerksamkeit und nötigen Vorsicht den Erfolg (also die Körperverletzung) als erfahrungsgemäß mögliche Folge seines Verhaltens (Tun oder Unterlassen) hätte voraussehen können.

Frage 148

Was ist bei einer *einfachen vorsätzlichen* oder bei einer *fahrlässigen Körperverletzung* in Bezug auf die Strafverfolgung „grundsätzlich“ erforderlich? Welche „relative Besonderheit“ kann hierzu im Einzelfall Bedeutung haben?

Frage 149

Wann ist der Tatbestand einer „gefährlichen“ Körperverletzung gegeben?

Frage 150

Ist in Bezug auf die Strafverfolgung einer „gefährlichen“ Körperverletzung auch ein Strafantrag erforderlich, wie es bei einer einfachen Körperverletzung der Fall ist?

Antwort 148

Eine *einfache vorsätzliche* Körperverletzung oder eine *fahrlässige* Körperverletzung sind Antragsdelikte (für eine Strafverfolgung ist gemäß § 230 StGB ein Strafantrag erforderlich).
Es ist allerdings möglich, dass die Strafverfolgungsbehörde ein besonderes öffentliches Interesse an der Strafverfolgung hat und die Körperverletzung daher von Amts wegen verfolgt wird; dies sind sog. „relative“ Antragsdelikte.
Andererseits ist aber je nach Sachlage des Falles mitunter offensichtlich, dass nur der Geschädigte vornehmlich ein Interesse an einer Bestrafung des Täters hat; in derartigen Fällen kann der Geschädigte auch „privat“ klagen, denn die Körperverletzungen gemäß §§ 223, 224 und 229 StGB sind gleichzeitig auch „Privatklagedelikte“ nach § 374 StPO.
Das Ziel ist aber hier die Bestrafung; das heißt, eine Privatklage ist nicht gleichzusetzen mit einer Zivilklage wegen ggf. durchzusetzender Schadenersatzansprüche aus § 823 BGB.

Antwort 149

Eine „gefährliche“ Körperverletzung ist gemäß § 224 StGB tatbestandsmäßig, wenn die vorsätzliche *körperliche Misshandlung oder Gesundheitsschädigung* (wie im § 223 StGB beschrieben)

1. durch Beibringung von Gift oder anderen gesundheitsschädlichen Stoffen (z. B. K.-o.-Tropfen),
2. mittels einer Waffe oder eines anderen gefährlichen Werkzeugs,
3. mittels eines hinterlistigen Überfalls,
4. mit einem anderen Beteiligten gemeinschaftlich oder
5. mittels einer das Leben gefährdenden Behandlung

begangen wird.
Die Qualifizierung (die Erschwernis) der Tathandlung der Körperverletzung ergibt sich hier durch die eingesetzten Mittel oder wegen eines besonderen Verhaltens des Täters.
Der Versuch ist strafbar.

Antwort 150

Nein, bei einer *gefährlichen Körperverletzung* ist für die Verfolgung kein Strafantrag erforderlich. Es handelt sich um ein *Offizialdelikt*, das *von Amts wegen* (Öffentliches Interesse) verfolgt wird.

Frage 151

Gibt es in Bezug auf die Körperverletzung (außer den bei einer gefährlichen Körperverletzung beschriebenen Mitteln oder dem Verhalten) noch weitere *qualifizierende Merkmale,* die im Strafgesetzbuch beschrieben sind und strafverschärfende Folgen haben?

Frage 152

Auf dem Firmenhof setzt ein Fahrer mit seinem Lkw unachtsam zurück und fährt dabei einen Betriebsangehörigen an, der schwer verletzt wird und auf dem Weg ins Krankenhaus an den Folgen der Verletzung stirbt. Ist hier der Fall *einer Körperverletzung mit Todesfolge* gegeben?

Frage 153

Wann liegt eine *Freiheitsberaubung* vor? Können Sie hierzu ein Beispiel aus der Praxis des gewerblichen Sicherheitsdienstes nennen?

Frage 154

Was verstehen Sie unter einer *Nötigung*?

Frage 155

Der Einsatzleiter des gewerblichen Sicherheitsdienstes trifft die Sicherheitskraft **A** während des Dienstes schlafend an und droht ihr mit der fristlosen Entlassung, falls sie den Streifendienst im Gebäude nicht sofort wieder aufnimmt.
Begeht der Einsatzleiter hier eine strafrechtlich relevante Nötigung?

Antwort 151
Ja, weitere „qualifizierende Merkmale“ bei einer Körperverletzung sind gegeben, wenn beispielsweise ein besonders schutzwürdiger Personenkreis betroffen ist (z. B. § 225 StGB „Misshandlung von Schutzbefohlenen“) oder wenn bestimmte Folgen eintreten (z. B. Verlust eines wichtigen Körpergliedes, des Sehvermögens, des Hör- oder Sprechvermögens, der Fortpflanzungsfähigkeit sowie bleibende Gesundheitsschäden wie Lähmung, Siechtum oder Behinderung bzw. Tod, § 226 StGB).

Antwort 152
Nein, denn die Körperverletzung, die zum Tod geführt hat, ist hier *nicht vorsätzlich* begangen worden. Es ist durch „Fahrlässigkeit“ der Tod eines Menschen verursacht worden, sodass hier tatbestandsmäßig eine „fahrlässige Tötung“ gemäß § 222 StGB infrage kommt.

Antwort 153
Eine *Freiheitsberaubung* liegt gemäß § 239 StGB vor, wenn jemand einen Menschen *einsperrt* oder *auf andere Weise der Freiheit beraubt.*
Beispiel: Der dem gewerblichen Sicherheitsdienst namentlich bekannte **A** wird bei einem versuchten Diebstahl gestellt und gibt sein Fehlverhalten auch gleich zu. Nachdem eine entsprechende Meldung erfolgt ist, wird **A** (mit dem Hinweis, er habe jetzt die Gelegenheit, einmal über seine Tat nachzudenken) für zwei Stunden in den Nebenraum der Sicherheitszentrale verbracht.
Da hier die Voraussetzungen für eine Festnahme des **A** nicht mehr vorliegen, handelt die Sicherheitskraft gemäß § 239 StGB tatbestandsmäßig, und es liegt eine Freiheitsberaubung vor.

Antwort 154
Eine Nötigung begeht derjenige, der gemäß § 240 StGB einen anderen *rechtswidrig mit Gewalt oder Drohung mit einem empfindlichen Übel zu einer Handlung, Duldung oder Unterlassung nötigt.*

Antwort 155
Eine fristlose Entlassung ist für den **A** zwar ein „empfindliches Übel“, das Verhalten des Leiters des gewerblichen Sicherheitsdienstes ist aber nicht als *verwerflich* anzusehen und damit nicht rechtswidrig; es liegt deshalb keine Nötigung gemäß § 240 StGB vor.

Frage 156

Ist die Bedrohung eines Menschen gem. § 241 StGB mit der Begehung eines Verbrechens auch dann strafbar, wenn das potenzielle Opfer die Bedrohung zwar ernst nimmt, der Täter aber die Tat gar nicht begehen will?

Frage 157

Welcher Tatbestand muss bei einem *Diebstahl* gemäß § 242 StGB erfüllt sein?

Frage 158

Können Sie die *Tatbestandsmerkmale eines Diebstahls* näher erläutern?

Frage 159

Was versteht man im Zusammenhang mit einem Diebstahl unter *Gewahrsam*?

Frage 160

Sie erhalten als Sicherheitskraft einen Hinweis, dass ein Beschäftigter Ihres Kunden von einem Fließband Waren genommen und in einem Karton versteckt hat. Den Karton hat er in der Ecke der Lagerhalle deponiert, um ihn offensichtlich später in einem unbeobachteten Moment abzuholen. Sind hier bereits alle Tatbestandsmerkmale eines Diebstahls erfüllt?

Antwort 156
Ja, es genügt, wenn der Bedrohte die Bedrohung ernst nehmen soll. Ob der Drohende das Verbrechen auch verwirklichen kann oder will, ist ohne Bedeutung.

Antwort 157
Diebstahl begeht, *wer eine fremde bewegliche Sache einem anderen in der Absicht wegnimmt, die Sache sich oder einem Dritten rechtswidrig zuzueignen.*
Der Versuch ist strafbar.

Antwort 158
Die Tatbestandsmerkmale des Diebstahls sind:
- Es muss sich um eine *Sache* (fest, flüssig oder gasförmig) handeln = Sachen sind alle *körperlichen Gegenstände* (vgl. § 90 BGB).
- Die Sache muss *beweglich* sein = Dies ist dann der Fall, wenn mit der Sache Ortsveränderungen durchgeführt werden können.
- Die Sache muss für den Täter *fremd* sein, das heißt, Eigentümer oder Besitzer ist ein anderer.
- Es muss eine *Wegnahme* erfolgen = Es muss alter *Gewahrsam gebrochen* und *neuer Gewahrsam begründet* werden.
- Es muss die *Absicht der rechtswidrigen Zueignung* gegeben sein = Der Täter hat einerseits kein Recht auf die Übereignung der Sache *(rechtswidrig)* und setzt sich an die Stelle des Eigentümers.

Antwort 159
Gewahrsam ist die Ausübung der „tatsächlichen Sachherrschaft bzw. Verfügungsgewalt"; das heißt, es bestehen *Herrschaftswille* und *Herrschaftsmöglichkeit* über eine Sache.

Antwort 160
Der Beschäftigte hat die Waren „aus dem Transportbetrieb entfernt", sodass die *Herrschaftsmöglichkeit* für den Eigentümer kaum noch gegeben ist. Es liegt deshalb bereits ein *Gewahrsamsbruch* vor. Da der Beschäftigte aber noch keine *ungehinderte Verfügungsgewalt* über die Sachen ausüben kann, zumal auch der gewerbliche Sicherheitsdienst schon Kenntnis hat, ist *neuer Gewahrsam noch nicht* begründet.
Es liegt somit ein *versuchter* Diebstahl vor, der gemäß § 242 Abs. 2 StGB strafbar ist.

Frage 161

Können Sie erläutern, wann tatbestandsmäßig in der Regel *ein besonders schwerer Fall eines Diebstahls* gemäß § 243 StGB vorliegt?

Frage 162

Sind im Strafgesetzbuch, außer dem bereits zu Frage 161 erwähnten *besonders schweren Fall eines Diebstahls,* noch weitere Arten des Diebstahls beschrieben, die mit einer Freiheitsstrafe von sechs Monaten bis zu zehn Jahren bedroht sind?

Frage 163

Können Sie kurz den Unterschied zwischen einem *Diebstahl* und einer *Unterschlagung* erläutern?

Frage 164

Können Sie aus der Praxis anhand eines Beispiels den Fall einer Unterschlagung schildern?

Frage 165

Kommt es darauf an, *wer* eine fremde bewegliche Sache *gestohlen* oder *unterschlagen* hat (das heißt, in welcher Beziehung Täter und Opfer zueinander stehen)?

Antwort 161

Ein *besonders schwerer Fall des Diebstahls* gemäß § 243 StGB liegt vor, wenn der Täter u. a.

- zur Ausführung der Tat in ein Gebäude, einen Dienst- oder Geschäftsraum oder in einen anderen umschlossenen Raum *einbricht, einsteigt, mit einem falschen Schlüssel* oder *einem anderen nicht zur ordnungsgemäßen Öffnung bestimmten Werkzeug eindringt* oder *sich in dem Raum verborgen hält;*
- eine Sache stiehlt, die durch ein verschlossenes Behältnis oder eine andere Schutzvorrichtung *gegen Wegnahme besonders gesichert* ist;
- stiehlt, indem er die *Hilflosigkeit eines anderen, einen Unglücksfall oder eine gemeine Gefahr ausnutzt;*
- eine *Handfeuerwaffe* stiehlt, zu deren Erwerb es nach dem Waffengesetz der Erlaubnis bedarf.

Antwort 162

Ja, es handelt sich gemäß § 244 StGB um den Diebstahl mit Waffen, den Bandendiebstahl und den Wohnungseinbruchdiebstahl.

Antwort 163

Bei einem Diebstahl *nimmt* der Täter die fremde bewegliche Sache weg, bei der Unterschlagung gemäß § 246 StGB hat er bereits die *Verfügungsgewalt* (Gewahrsam) über eine fremde Sache (das heißt, hier fehlt die *Wegnahme).*

Antwort 164

Die private Sicherheitskraft **A** macht in Bezug auf das ihr dienstlich überlassene Handy eine Verlustmeldung; tatsächlich hat sie das Handy mit nach Hause genommen und der Freundin geschenkt, um privat besser erreichbar zu sein.
A begeht hier eine Unterschlagung gemäß § 246 StGB.

Antwort 165

Ja, es ist von Bedeutung, „wer" den Diebstahl oder die Unterschlagung begeht, denn wenn es sich bei dem „Geschädigten" (Verletzten) um einen *Angehörigen,* einen *Vormund, Betreuer* oder um eine *Person* handelt, *die mit dem Täter in häuslicher Gemeinschaft lebt,* so wird die Tat gemäß § 247 StGB *nur auf Antrag verfolgt* (Strafantrag ist erforderlich!).

Frage 166

Ist es von Bedeutung, *welchen Wert die Sache hat,* die *gestohlen* oder *unterschlagen* wird?

Frage 167

Kann jemand bestraft werden, wenn er ein Kraftfahrzeug oder ein Fahrrad unbefugt (gegen den Willen des Berechtigten) in Gebrauch nimmt, ohne dass er die Absicht hat, sich das jeweilige Fahrzeug zuzueignen?

Frage 168

Welche „qualifizierenden Tatbestandsmerkmale“ müssen bei einem Diebstahl hinzukommen, die den Tatbestand eines Raubes begründen?

Frage 169

Welche Strafvorschrift ist tatbestandsmäßig erfüllt, wenn der Täter bei einem Raub eine Waffe oder ein gefährliches Werkzeug verwendet?

Frage 170

Ein Täter, der bei Diebstahl gestellt wird, reißt das Opfer zu Boden, um mit den gestohlenen Sachen zu entkommen. Welcher Tatbestand ist hier erfüllt?

Frage 171

Zu der Antwort Nr. 154 ist der Tatbestand einer Nötigung (§ 240 StGB) beschrieben. Welche qualifizierenden Tatbestandsmerkmale müssen bei einer Erpressung (§ 253 StGB) hinzukommen?

Frage 172

Sicherheitskräfte werden auch bei Geld- und Werttransporten und in Banken eingesetzt.
Welcher Tatbestand des StGB ist erfüllt, wenn der/die Täter einen Bankkunden – aber nicht direkt den Kassierer – mit einer Waffe bedrohen und von dem Kassierer die Herausgabe des Geldes verlangen?

Antwort 166
Ja. Gestohlene oder unterschlagene Sachen im Wert bis zu 50 Euro sind nach derzeitiger Rechtsauffassung als „geringwertig" anzusehen. Der § 248a StGB sieht in diesen Fällen vor, dass die *Verfolgung nur auf Antrag* eintritt, es sei denn, dass die Strafverfolgungsbehörde wegen des besonderen öffentlichen Interesses ein Einschreiten von Amts wegen für geboten hält.

Antwort 167
Ja. Auch der *unbefugte Gebrauch eines Fahrzeugs* ist gemäß § 248b StGB eine Straftat. Die Tat wird allerdings nur auf Antrag verfolgt (Strafantrag ist erforderlich!).
Der Versuch ist strafbar.

Antwort 168
Die Mittel der „qualifizierten Wegnahme" gemäß § 249 StGB (Raub) sind die Anwendung von Gewalt oder die Drohung mit einer gegenwärtigen Gefahr für Leib oder Leben.

Antwort 169
Der Täter handelt in diesem Fall gemäß § 250 StGB tatbestandsmäßig und hat sich wegen „schweren Raubes" zu verantworten.

Antwort 170
Der Täter will „sich im Besitz des gestohlenen Gutes erhalten". Er erfüllt den Tatbestand eines „räuberischen Diebstahls" gemäß § 252 StGB und ist gleich einem Räuber zu bestrafen.

Antwort 171
Der Erpresser nötigt rechtswidrig mit Gewalt oder durch Drohung mit einem empfindlichen Übel zu einer Handlung, Duldung oder Unterlassung und *fügt dem Vermögen des Genötigten oder eines anderen Nachteil zu, um sich oder einen Dritten zu Unrecht zu bereichern.*

Antwort 172
Es handelt sich gem. § 255 StGB um den Tatbestand einer *räuberischen Erpressung* (Erpressung durch Gewalt gegen eine Person oder Drohung mit gegenwärtiger Gefahr für Leib oder Leben einer Person). Gleichgültig ist hier, ob der Kassierer sich nicht unmittelbar bedroht fühlt und das Geld aufgrund einer internen Anweisung der Bank herausgibt. Der Täter ist gleich einem Räuber zu bestrafen.

- **Frage 173**
  Was versteht man unter einer *Begünstigung*?

- **Frage 174**
  Bei einer Begünstigung gemäß § 257 StGB und bei einer Beihilfe gemäß § 27 StGB ist jeweils von einer „Hilfeleistung" die Rede. Wodurch unterscheidet sich die Beihilfe von einer Begünstigung?

- **Frage 175**
  Was versteht man unter einer Hehlerei gemäß § 259 StGB?

- **Frage 176**
  Sie beobachten nachts vor dem Werksgelände ein Fahrzeug, in dem offensichtlich eine Person (**X**) wartet. Kurze Zeit später erscheinen zwei Ihnen vom Ansehen her bekannte Beschäftigte der Firma, die dem **X** Gegenstände übergeben und dafür offensichtlich Geld bekommen, wie Sie mit einem Fernglas im Scheinwerferlicht feststellen können. Wie die herbeigerufenen Polizeibeamten später ermitteln, handelt es sich bei den Gegenständen um gestohlene firmeneigene Bohrmaschinen. **X**, der die Bohrmaschinen angekauft hat, behauptet später, er habe nicht gewusst, dass die Maschinen gestohlen worden sind, und deshalb „gutgläubig" gehandelt. Kann dem **X** *Hehlerei* vorgeworfen werden?

Antwort 173

Eine *Begünstigung* gemäß § 257 StGB begeht jemand, der einem anderen, *der eine rechtswidrige Tat begangen hat,* in der Absicht Hilfe leistet, ihm *die Vorteile der Tat zu sichern.*

Antwort 174

Der Unterschied zwischen einer *Beihilfe* und einer Begünstigung besteht darin, *wann* die Hilfe geleistet wird.
Bei einer *Beihilfe* wird dem Täter *vor oder während der Tatausführung* durch Rat oder Tat „geholfen".
Bei einer *Begünstigung* erfolgt die Hilfeleistung *nach der Tat.*

Antwort 175

Zu einer *Hehlerei* gehört eine gegen fremdes Vermögen gerichtete *rechtswidrige Vortat* eines anderen, wobei noch folgende Tatbestandsmerkmale hinzukommen müssen:

- eine Sache *ankaufen* oder *auf sonstige Weise* sich oder einem Dritten *verschaffen;*
- die Sache *absetzen oder absetzen helfen,* um sich oder einen Dritten zu bereichern.

Antwort 176

Ja. Ein „gutgläubiger" Erwerb (Ankauf) kommt hier für den **X** objektiv nicht in Betracht. Es kommt auch nicht darauf an, dass **X** die Einzelheiten der Vortat kannte. Entscheidend ist hier, dass die gesamten – nach außen erkennbaren – Umstände „gegen eine übliche Geschäftsabwicklung" sprechen, und dies ist hier der Fall.

Frage 177

Welches sind die Tatbestandsmerkmale des *Betruges gem. § 263 StGB*?

Frage 178

Bei der Abrechnung einer Dienstreise, die Sie mit Ihrem privaten Pkw durchgeführt haben, irrt sich die Verwaltung wegen der Namensgleichheit des Ortes mit einem anderen Ort und erstattet Ihnen den Betrag für eine 30 km mehr betragende Wegstrecke. Sie nehmen die „Mehrentschädigung" an, ohne den Irrtum zu berichtigen. Liegt hier – auch ohne Ihr „Zutun" – eine Täuschungshandlung und damit ein Betrug vor?

Frage 179

Im Falle einer Fremdleistung (Werkschutz für eine fremde Firma) zahlt diese Firma eine Pauschale an Ihr Unternehmen. Ihr Gehalt wird aber nach den von Ihnen angegebenen Arbeitsstunden von dem „externen Auftraggeber" genau berechnet und dann von Ihrem Unternehmen an Sie gezahlt. Müssen im Falle, dass hier falsche Angaben gemacht werden, der *Getäuschte* (der externe Auftraggeber) *und der Geschädigte* (also Ihr Unternehmer) *personengleich* sein, damit der Tatbestand des Betruges erfüllt ist?

Frage 180

Welcher Tatbestand des StGB ist außer einem Diebstahl erfüllt, wenn jemand mit einer gestohlenen Scheckkarte an einem Bankautomaten Geld „abhebt"?

Frage 181

Sie sind als Sicherheitskraft zur Sicherung von Bahnanlagen und für die Fahrkartenkontrolle oder bei Veranstaltungen im Rahmen der Zugangskontrolle bzw. im Ordnungsdienst eingesetzt und treffen eine Person an, die keinen gültigen Fahrausweis vorweisen kann bzw. kein Eintrittsgeld bezahlt hat.
Hat sich diese Person strafbar gemacht?

Antwort 177

Die Tatbestandsmerkmale des Betruges sind

- eine Täuschungshandlung,
- eine Irrtumserregung,
- eine Vermögensverfügung,
- eine Beschädigung des Vermögens,
- die Absicht, sich oder einem Dritten einen rechtswidrigen Vermögensvorteil zu verschaffen.

Die einzelnen Merkmale müssen „ursächlich miteinander" im Zusammenhang stehen (Kausalzusammenhang).

Antwort 178

Ja, denn eine *Täuschungshandlung* kann *auch durch Unterlassen verwirklicht werden,* wenn man auch ohne Aufforderung die wahren Verhältnisse aufdecken muss.
Es muss eine *Rechtspflicht zum Handeln* bestehen, was hier durch das besondere Vertragsverhältnis zu dem Arbeitgeber gegeben ist.

Antwort 179

Nein, bei einem Betrug müssen der *Getäuschte* und der *Geschädigte nicht personengleich* sein, dies trifft *nur auf den Getäuschten und den Verfügenden* zu.

Antwort 180

Der Täter beeinflusst unbefugt einen Datenverarbeitungsvorgang und verschafft sich so einen rechtswidrigen Vermögensvorteil. Dieses Verhalten erfüllt den Tatbestand eines Computerbetruges gemäß § 263a StGB.

Antwort 181

Ja, es liegt ein Verstoß gegen § 265a StGB „Erschleichen einer Leistung" vor, denn wer … (unter anderem) … *die Beförderung durch ein Verkehrsmittel oder den Zutritt zu einer Veranstaltung in der Absicht erschleicht, das Entgelt nicht zu entrichten,* macht sich strafbar.
Hinweis: Es handelt sich um ein Offizialdelikt, und im Falle, dass nur ein „geringer Schaden" eingetreten ist, gilt § 248a StGB entsprechend. Das heißt, es ist dann ein Strafantrag erforderlich (vgl. hierzu die Antwort 166).

- **Frage 182**
  Ein Betrug wird häufig in „Tateinheit" mit einer Urkundenfälschung begangen. Können Sie darlegen, wer eine *Urkundenfälschung* gemäß § 267 StGB begeht?

- **Frage 183**
  Bei der Prüfung des Tatbestandes einer Urkundenfälschung ist zunächst zu prüfen, ob es sich überhaupt um eine Urkunde handelt. Was versteht man also unter einer *Urkunde*?

- **Frage 184**
  Können Sie beispielhaft darlegen, wann eine Urkundenfälschung vorliegt, durch die gleichzeitig eine *Täuschungshandlung* als „Tatbestandsmerkmal des Betruges" gegeben ist?

- **Frage 185**
  Wann liegt eine *Sachbeschädigung* gemäß § 303 StGB vor?

- **Frage 186**
  Ein Besucher zeigt im Rahmen einer Zutrittskontrolle nach Aufforderung den Inhalt seiner Reisetasche vor und reißt dabei versehentlich das auf dem Tisch stehende Telefon herunter, wodurch die Hör- und die Sprechmuschel des Telefons beschädigt werden. Hat sich der Besucher wegen einer Sachbeschädigung strafbar gemacht?

- **Frage 187**
  Was verstehen Sie unter „Beschädigung" und was unter „Zerstörung" einer Sache?

Antwort 182

Eine *Urkundenfälschung* begeht, wer zur Täuschung im Rechtsverkehr

- eine unechte Urkunde herstellt,
- eine echte Urkunde verfälscht oder
- eine gefälschte oder unechte Urkunde gebraucht.

Der Versuch ist strafbar.

Antwort 183

Eine „Urkunde“ ist jede *verkörperte* – mit einer Sache fest verbundene – *Gedankenerklärung,* die den Aussteller erkennen lässt und geeignet und dafür bestimmt ist, etwas zu beweisen.

Antwort 184

Eine „Urkundenfälschung“ ist tatbestandsmäßig, wenn jemand beispielsweise *den Betrag in einer Auszahlungsanweisung* von 10 € auf 100 € *abändert.* Bei der Vorlage der *verfälschten* Anweisung zur Auszahlung ist durch die *Täuschung im Rechtsverkehr* gemäß § 267 StGB gleichzeitig die *Täuschungshandlung* als Tatbestandsmerkmal des Betruges gemäß § 263 StGB gegeben. (Bedeutung: Wird die Urkundenfälschung bei der Vorlage der Anweisung erkannt, so liegt *zusätzlich* ein „versuchter Betrug“ vor. Wird der „Mehrbetrag“ ausgezahlt, so sind auch die weiteren Tatbestandsmerkmale eines Betruges erfüllt [vgl. dazu die Antwort 177]).

Antwort 185

Eine Sachbeschädigung gemäß § 303 StGB begeht, wer *rechtswidrig* (und vorsätzlich) *eine fremde Sache beschädigt oder zerstört.*
Ebenso wird bestraft, wer unbefugt das Erscheinungsbild einer fremden Sache nicht nur unerheblich und nicht nur vorübergehend verändert.
Der Versuch ist strafbar.

Antwort 186

Nein, denn die fahrlässige Sachbeschädigung ist nicht strafbar (vgl. dazu Antwort 53). Jedoch ist ggf. gemäß § 823 BGB Schadenersatz zu leisten.

Antwort 187

Die *Beschädigung* einer Sache liegt vor, wenn zwar eine *Gebrauchsminderung* gegeben ist, die Sache aber *repariert* werden kann. Eine Sache ist *zerstört,* wenn sie *völlig unbrauchbar* geworden ist und erneuert werden müsste.

Frage 188

Gemäß § 303 StGB ist die *Rechtswidrigkeit* der Sachbeschädigung ausdrücklich erwähnt und auch gesondert zu prüfen. Können Sie beispielsweise darlegen, wann jemand ggf. das *Recht für sich in Anspruch nehmen kann*, fremde Sachen zu beschädigen oder zu zerstören?

Frage 189

Die Sachbeschädigung wird gemäß § 303c StGB nur auf Antrag verfolgt. Ist zur Verfolgung der Sachbeschädigung *in allen Fällen* ein Strafantrag erforderlich?

Frage 190

Wann liegt eine *Brandstiftung* gemäß § 306 StGB vor?

Frage 191

Was versteht man bei einer Brandstiftung unter „in Brand gesetzt"?

Frage 192

A wirft einen in Öl getränkten brennenden Lappen durch das geöffnete Fenster der Werkshalle, um diese in Brand zu setzen. Der Lappen erlischt, ohne dass Bestandteile der Halle selbst „Feuer gefangen" haben. Tatbestandsmäßig liegt demnach eine *versuchte Brandstiftung* vor, zu der im § 306 StGB eine Bestrafung nicht ausdrücklich erwähnt ist. Liegt hier dennoch ein *strafbarer* Versuch einer Brandstiftung vor?

Frage 193

Ist auch eine *fahrlässige Brandstiftung* strafbar?

Antwort 188

Eine vorsätzliche Sachbeschädigung ist beispielsweise dann *nicht rechtswidrig,* wenn jemand die „Rechtfertigungsgründe“ des *defensiven oder aggressiven Notstands* für sich in Anspruch nehmen kann (vgl. dazu die Antworten 104 und 105).

Antwort 189

Nein. Die Stellung eines Strafantrags ist dann nicht erforderlich, wenn die Strafverfolgungsbehörde wegen des besonderen öffentlichen Interesses an der Strafverfolgung ein Einschreiten von Amts wegen für geboten hält. Das heißt, es handelt sich auch hier um ein „relatives Antragsdelikt“ (vgl. dazu die Antwort 148).

Antwort 190

Eine *Brandstiftung* nach § 306 StGB liegt vor, wenn der Täter vorsätzlich und rechtswidrig fremde *Gebäude* oder *Hütten, Betriebsstätten* oder *technische Einrichtungen, Warenlager, Kraftfahrzeuge, Schienen-, Luft- oder Wasserfahrzeuge, Wälder, Heiden oder Moore* oder *land-, ernährungs-* oder *forstwirtschaftliche Erzeugnisse* in Brand setzt oder durch eine Brandlegung ganz oder teilweise zerstört.

Antwort 191

Im Sinne des § 306 StGB ist ein Gegenstand (ein Objekt) „in Brand gesetzt“, wenn er (es) nach Entfernen des Zündmittels mit eigener Flamme weiterbrennt.
Beispiel: Eine Holztreppe in einem Gebäude wird mit Benzin übergossen und angesteckt; nachdem das Benzin „verbrannt“ ist, brennt das Holz der Treppe weiter.

Antwort 192

Ja, denn bei einer Brandstiftung nach § 306 StGB handelt es sich um ein Verbrechen, und bei einem Verbrechen ist der Versuch stets strafbar (§ 23 StGB).

Antwort 193

Ja, denn gemäß § 306d StGB wird auch das fahrlässige Handeln im Zusammenhang mit einer Brandstiftung mit Strafe bedroht.

Frage 194

Betriebe oder Anlagen, in denen leicht entzündbare Materialien hergestellt oder aufbewahrt werden (z. B. ein Tanklager oder eine Scheune), gelten als „besonders feuergefährdet". Gibt es eine Vorschrift, die beispielsweise das Rauchen, die Verwendung offenen Lichts oder Feuers oder die Verwendung anderer brennender Gegenstände in unmittelbarer Nähe feuergefährdeter Objekte mit Strafe bedroht? Gilt dies auch, wenn jemand nur aus Unachtsamkeit gehandelt hat?

Frage 195

Sind gewerbliche Sicherheitsdienste auch betroffen, wenn öffentliche Betriebe durch Sabotage beschädigt oder zerstört werden?

Frage 196

Unter welchen Voraussetzungen ist jedermann gesetzlich verpflichtet, anderen Personen Hilfe zu leisten?

Frage 197

Was verstehen Sie unter einer „gemeinen Gefahr" gemäß § 323c StGB (Unterlassene Hilfeleistung)?

Frage 198

Ist Ihre Verpflichtung zur Hilfeleistung nach § 323c StGB davon abhängig, ob der Betroffene die Gefahr bzw. das Unglück selbst verursacht hat?

Antwort 194
Ja. Es handelt sich um den Tatbestand des „Herbeiführens einer Brandgefahr“ gemäß § 306f StGB. Nach dieser Vorschrift wird auch derjenige bestraft, der fahrlässig handelt (z. B. Wegwerfen eines noch glimmenden Zigarettenrestes, der durch den Wind in die Nähe einer Anlage gelangt, in der explosive Stoffe hergestellt werden).

Antwort 195
Ja, denn in Bezug auf den Schutz vor „Störung öffentlicher Betriebe“ gemäß § 316b StGB ist es unerheblich, ob Post- oder sonstige Leistungen in öffentlich-rechtlicher oder privatrechtlicher Form erbracht werden, es muss sich aber um eine öffentliche Versorgung und öffentlichen Verkehr handeln.

Antwort 196
Es muss ein *Unglücksfall,* eine *gemeine Gefahr* oder *Not* vorliegen, und *die Hilfeleistung* muss *erforderlich,* für den Helfer *zumutbar* und ohne eine erhebliche eigene Gefahr oder die Verletzung anderer wichtiger Pflichten *möglich* sein.
Wenn der vorgenannte Tatbestand gegeben ist, besteht für jedermann die Pflicht, Hilfe zu leisten; anderenfalls liegt eine strafbare Handlung gem. § 323c StGB „Unterlassene Hilfeleistung“ vor.

Antwort 197
Eine „gemeine Gefahr“ ist gegeben, wenn Ausmaß und Folgen einer Gefahr für Personen oder Sachen im Einzelnen nicht konkret vorhersehbar sind. Das heißt, es handelt sich um eine Gefahrenlage, bei der eine unbestimmte Zahl von Menschen oder zahlreiche Sachen konkret gefährdet sind, wie dies z. B. bei einem Großfeuer in einer bewohnten Gegend, bei Überschwemmungen, bei der Verbreitung giftiger Gase oder radioaktiver Stoffe der Fall ist. Insoweit ist eine „gemeine Gefahr“ meistens zugleich auch ein „Unglücksfall“ im Sinne des § 323c StGB.

Antwort 198
Nein, die Pflicht, Hilfe zu leisten, ist grundsätzlich nicht davon abhängig, ob der Gefährdete den Zustand, in dem er sich befindet und zu dem Hilfe erforderlich ist, selbst herbeigeführt hat.
In Ausnahmefällen, in denen eine *absichtliche Herbeiführung der Gefahr* offensichtlich ist, kann eine Hilfe kaum zugemutet werden. Dies ist aber in der Regel zum „Zeitpunkt einer geforderten Hilfeleistung“ nicht erkennbar.

6.3.1 Straftatbestände mit Bezug zum Umweltschutz

- **Frage 199**
  Welche *generellen* fünf Verhaltensweisen sind – bezogen auf die „natürlichen Lebensgrundlagen“ – im unmittelbaren Zusammenhang mit dem Umweltschutz im StGB als Straftatbestände beschrieben?

- **Frage 200**
  Können Sie den Begriff „Gewässer“ näher erläutern?

- **Frage 201**
  Wann liegt der strafbare Tatbestand der *Gewässerverunreinigung* gem. § 324 StGB vor?

- **Frage 202**
  Werden zu dem gemäß StGB geschützten Gewässerbegriff auch ausländische Flüsse erfasst, wenn der Schaden (die Verunreinigung) im Ausland eintritt?

- **Frage 203**
  Im Rahmen der Wartung der betriebseigenen Kraftfahrzeuge wird das Altöl nach dem Ölwechsel über die Kanalisation entsorgt. Liegt hier ein strafbares Verhalten vor?

- **Frage 204**
  In einem Chemiewerk fallen bei der Fertigung von Produkten organische Abfälle an, die als Dünger im Freigelände entsorgt werden, wodurch eine Überdüngung des Bodens entsteht. Ist hier ein strafrechtlich relevanter Tatbestand erfüllt?

Antwort 199
Straftaten gegen die Umwelt sind in den §§ 324–330d StGB beschrieben. Als strafbare Tatbestände sind generell
- die Gewässerverunreinigung,
- die Bodenverunreinigung,
- die Luftverunreinigung,
- das Verursachen von Lärm und
- der unerlaubte Umgang mit radioaktiven Stoffen und anderen gefährlichen Stoffen und Gütern

benannt.

Antwort 200
Bei dem Begriff „Gewässer" werden *oberirdische, stehende* oder *fließende Gewässer, das Grundwasser* und *das Meer* unterschieden.

Antwort 201
Eine *Verunreinigung eines Gewässers* liegt vor, wenn ein Gewässer verunreinigt oder sonst dessen Eigenschaften nachteilig verändert werden, also eine Verschlechterung der physikalischen, chemischen oder/und biologischen Eigenschaften des Gewässers durch Einbringen von Stoffen erfolgt bzw. festgestellt wird.
Der Versuch ist strafbar.

Antwort 202
Ja. Die Vorschrift des § 324 StGB ist (besonders in Grenznähe) nicht als „innerstaatliche Schutzbeschränkung" zu verstehen.

Antwort 203
Ja, es liegt ein Vergehen gemäß § 324 StGB vor, denn strafbar macht sich nicht nur, wer Schadstoffe unmittelbar in ein Gewässer einleitet oder einbringt, sondern auch, wer mit derselben Wirkung z. B. Altöl in einen Sickerschacht ablässt oder in die Kanalisation einleitet.

Antwort 204
Ja. Die Verunreinigung des Bodens durch Überdüngung ist neben der Verletzung verwaltungsrechtlicher Pflichten gemäß § 324a Abs. 1 Nr. 2 StGB tatbestandsmäßig eine Verunreinigung des Bodens *in bedeutendem Umfang.*

Frage 205
Wer im Rahmen der Ausübung eines Gewerbes (einer Anlage) Veränderungen der Luft herbeiführt, bedarf nach dem Bundes-Immissionsschutzgesetz (BImSchG) der behördlichen Genehmigung.
Können Sie beispielhaft beschreiben, wodurch schädliche Luftverunreinigungen verursacht werden können?

Frage 206
Wie werden Verstöße gegen die Bestimmungen des BImSchG geahndet?

Frage 207
Womit muss man rechnen, wenn man unter der Verletzung verwaltungsrechtlicher Vorschriften bei dem Betrieb einer Anlage Veränderungen der Luft verursacht, die u. a. geeignet sind, die Gesundheit eines anderen zu schädigen?

Frage 208
Was liegt vor, wenn jemand ohne die gesetzlich vorgeschriebenen Schallschutzeinrichtungen Lärm verursacht, der geeignet ist, die Gesundheit eines anderen zu schädigen?

Frage 209
Ist beim unerlaubten Umgang mit *gefährlichen Abfällen* (z. B. Gifte oder Erreger, die übertragbare gemeingefährliche Krankheiten enthalten oder hervorbringen können) mit einer Bestrafung zu rechnen, wenn sie nicht in einer dafür vorgesehenen Anlage abgelagert werden, oder handelt es sich um eine Ordnungswidrigkeit, die mit Geldbuße geahndet wird?

Frage 210
Ist das Betreiben einer kerntechnischen Anlage ohne Genehmigung bußgeldbewehrt oder handelt es sich um eine strafbare Handlung?

Frage 211
Ist der Umgang mit radioaktiven Stoffen ohne behördliche Genehmigung auch dann strafbar, wenn keine potenzielle Gefährdung (also nur ein *abstrakter Gefährdungstatbestand*) vorliegt?

Antwort 205
Schädliche Luftverunreinigungen können u. a. durch Freisetzen von Staub, Gasen, Dämpfen oder Geruchsstoffen verursacht werden.

Antwort 206
Verstöße können von hohen Geldbußen bis hin zu strafrechtlichen Konsequenzen reichen. In schweren Fällen kann die Missachtung des BImSchG zu Haftstrafen für die Verantwortlichen führen.

Antwort 207
Wer beim Betrieb einer Anlage unter Verletzung der verwaltungsrechtlichen Vorschriften Veränderungen der Luft verursacht, die geeignet sind, außerhalb des zur Anlage gehörenden Bereichs die Gesundheit eines anderen, Tiere, Pflanzen oder andere Sachen von bedeutendem Wert zu schädigen, macht sich gemäß § 325 StGB strafbar.

Antwort 208
Wer beim Betrieb einer Anlage unter Verletzung der verwaltungsrechtlichen Pflichten außerhalb des zur Anlage gehörenden Bereichs *Lärm verursacht,* der geeignet ist, die Gesundheit eines Menschen zu schädigen, macht sich gemäß § 325a StGB strafbar.

Antwort 209
Es handelt sich gemäß § 326 StGB um eine Straftat, die mit Freiheitsstrafe bis zu fünf Jahren oder mit Geldstrafe bestraft wird.

Antwort 210
Wer eine kerntechnische Anlage ohne Genehmigung oder entgegen einer vollziehbaren Untersagung betreibt, macht sich gemäß § 327 StGB strafbar.

Antwort 211
Ja. Der unerlaubte Umgang mit radioaktiven Stoffen ist gemäß § 328 Abs. 1 Nr. 1 StGB auch dann strafbar, wenn keine ionisierenden Strahlen freigesetzt werden.

6.3.2 Straftatbestände mit Bezug zum Datenschutz

- **Frage 212**

  Im Rahmen des Schutzes des persönlichen Lebens- und Geheimbereichs ist der widerrechtliche Zugriff auf Daten verboten. Welche Daten sind damit gemeint?

- **Frage 213**

  Sind gemäß § 202a StGB nur personenbezogene Daten (pb-Daten) geschützt?

- **Frage 214**

  Handelt es sich bei Verstößen gegen den Tatbestand des § 202a StGB (Ausspähen von Daten) um ein Offizialdelikt, das *von Amts wegen* verfolgt wird?

- **Frage 215**

  Gemäß § 303a StGB sind die rechtswidrige Datenveränderung und gemäß § 303b StGB die Computersabotage als strafbare Vergehen beschrieben.
  Werden Verstöße gegen diese beiden Vorschriften nur dann verfolgt, wenn der Berechtigte einen Strafantrag stellt?

- **Frage 216**

  Was ist gemäß der EU-DSGVO im Allgemeinen unter „personenbezogenen Daten" zu verstehen?

- **Frage 217**

  Was ist *im Sinne der EU-DSGVO* konkret unter *personenbezogenen Daten* zu verstehen?

Antwort 212
Daten i. S. d. § 202a Abs. 2 StGB sind solche, die elektronisch, magnetisch oder sonst nicht unmittelbar wahrnehmbar gespeichert sind oder übermittelt werden.

Antwort 213
Nein. Es sind auch Daten geschützt, die von wirtschaftlichem Interesse sind (sog. Betriebsdaten).

Antwort 214
Nein. Es handelt sich gemäß § 205 StGB um ein Antragsdelikt, d. h., es ist als „Verfahrensvoraussetzung" für die Verfolgung dieser Straftat ein Strafantrag des Berechtigten erforderlich.
Es kann allerdings sein, dass die Strafverfolgungsbehörde ein besonderes Interesse an der Strafverfolgung hat und das Ausspähen von Daten von Amts wegen verfolgt wird. Es handelt sich also um ein relatives Antragsdelikt.

Antwort 215
Nein. In Fällen, in denen die Verfolgungsbehörde ein öffentliches Interesse an der Verfolgung hat, kann sie gemäß § 303c StGB auch *von Amts wegen* ermitteln, ohne dass ein Strafantrag seitens des Berechtigten gestellt worden ist.
Bei §§ 303a und 303b StGB ist der Versuch strafbar.

Antwort 216
Personenbezogene Daten sind nach Art. 4 EU-DSGVO alle Informationen, die sich auf eine identifizierte oder identifizierbare natürliche Person beziehen.

Antwort 217
Nach den weiteren Bestimmungen des Art. 4 EU-DSGVO sind dies Daten, anhand derer eine natürliche Person direkt oder indirekt, insbesondere mittels Zuordnung zu einer Kennung wie einem Namen, zu einer Kennnummer, zu Standortdaten, zu einer Onlinekennung oder zu einem oder mehreren besonderen Merkmalen, die Ausdruck der physischen, physiologischen, genetischen, psychischen, wirtschaftlichen, kulturellen oder sozialen Identität dieser natürlichen Person sind, identifiziert werden kann.

Frage 218
Welches sind *Kontrollmaßnahmen* des Datenschutzes?

Frage 219
Wie sind Datenträger aufzubewahren? Genügt es, Datenträger in einem verschlossenen Stahlschrank aufzubewahren?

Frage 220
Gilt das Datengeheimnis auch noch nach Beendigung der Tätigkeit?

Frage 221
Was ist generell zu beachten, wenn man *personenbezogene Daten* erheben will?

Frage 222
Hat der Betroffene das Recht zu erfahren, ob und welche Daten über seine Person gespeichert sind, und an wen diese Daten weitergegeben werden?

Frage 223
Muss der Betroffene für eine Auskunft zu den über ihn gespeicherten Daten eine Gebühr entrichten?

Frage 224
In welchen Fällen kann die Auskunftserteilung an den Antragsteller unterbleiben?

Frage 225
Ist der Betroffene zu benachrichtigen, wenn über ihn ohne seine Kenntnis Daten erhoben und gespeichert werden?

Antwort 218
Maßnahmen der Kontrolle im Rahmen des Datenschutzes sind: die Zutrittskontrolle, die Zugangskontrolle, die Zugriffskontrolle, die Weitergabekontrolle, die Eingabekontrolle, die Auftragskontrolle, die Verfügbarkeitskontrolle und die Zweckbindungskontrolle.

Antwort 219
Datenträger sind in einem speziellen *Datensicherungsschrank* aufzubewahren, der DSGVO-konform ist. Ein verschlossener Stahlschrank reicht nicht aus.

Antwort 220
Ja. Alle Informationen, die Sie während einer bestimmten Tätigkeit im Umgang mit fremden Daten erfahren haben, unterliegen auch nach dem Ausscheiden aus dem Unternehmen oder der Beendigung der Tätigkeit dem Datengeheimnis bzw. der Verschwiegenheitspflicht.

Antwort 221
Personenbezogene Daten sind generell bei dem Betroffenen (Einwilligung des Betroffenen) zu erheben, es sei denn, dass diese Daten allgemein zugänglich sind (Social Media/Telefonbuch u. Ä.).

Antwort 222
Ja. Gemäß Art. 15 EU-DSGVO „Auskunftsrecht der betroffenen Person" ist dem Betroffenen auf Antrag Auskunft zu erteilen, welche Daten über ihn gespeichert sind, über die Herkunft dieser Daten, über die Empfänger, an die die Daten weitergegeben werden, und über den Zweck der Speicherung.

Antwort 223
Nein. Die Auskunft über gespeicherte Daten ist unentgeltlich.

Antwort 224
Die Auskunftserteilung an den Betroffenen kann z. B. unterbleiben, wenn die Auskunft die öffentliche Sicherheit oder Ordnung gefährden oder sonst dem Wohle des Bundes oder eines Landes Nachteile bereiten würde.

Antwort 225
Ja. Gemäß Art. 14 DSGVO ist der Betroffene von der Speicherung seiner Daten zu benachrichtigen sowie über die Identität der verantwortlichen Stelle, über die Zweckbestimmung der Erhebung, Verarbeitung oder Nutzung seiner Daten zu unterrichten.

- **Frage 226**
  Handelt es sich bei Verstößen gegen die Bestimmungen des Datenschutzes um Ordnungswidrigkeiten oder um Straftaten?

- **Frage 227**
  Werden Verstöße gegen datenschutzrechtliche Bestimmungen nur auf Antrag oder von Amts wegen verfolgt?

- **Frage 228**
  Wer ist bei strafrechtlich relevanten Verstößen gegen die Bestimmungen des Datenschutzes berechtigt, einen Strafantrag zu stellen?

Antwort 226

Verstöße gegen die Bestimmungen des Datenschutzes sind generell Ordnungswidrigkeiten, die mit Geldbuße geahndet werden. Bei den in Art. 83 Abs. 5 DSGVO aufgelisteten, besonders gravierenden Verstößen beträgt der Bußgeldrahmen bis zu 20 Millionen Euro oder im Fall eines Unternehmens bis zu 4 % des gesamten weltweit erzielten Jahresumsatzes.
Nach § 42 BDSG können zudem Geldstrafen oder Freiheitsstrafen bis zu drei Jahren verhängt werden.

Antwort 227

Zur Verfolgung einer Straftat gemäß § 42 Abs. 3 BDSG ist ein Strafantrag erforderlich.

Antwort 228

Zur Stellung eines Strafantrags sind gemäß § 42 Abs. 3 BDSG berechtigt

1. der Betroffene,
2. die verantwortliche Stelle,
3. der Bundesbeauftragte für den Datenschutz und die Informationsfreiheit sowie die Aufsichtsbehörde.

7. Waffenrecht

Frage 229
Was sind *Waffen* im Sinne des WaffG?

Frage 230
Was sind *Schusswaffen* im Sinne des WaffG?

Frage 231
Was sind die den Schusswaffen *gleichgestellten Gegenstände*?

Frage 232
Was sind gemäß Anlage 1 zu § 1 Abs. 4 WaffG *wesentliche Teile* einer Schusswaffe?

Frage 233
Was ist die *Zielrichtung des Waffengesetzes*, und was ist das *Nationale Waffenregister (NWR)*? Was ist der *Kleine Waffenschein*?

Antwort 229

Gemäß § 1 WaffG sind Waffen *Schusswaffen* oder ihnen *gleichgestellte* und *tragbare Gegenstände,* die ihrem Wesen nach dazu bestimmt sind, die Angriffs- oder Abwehrfähigkeit von Menschen zu beseitigen oder herabzusetzen, insbesondere Hieb- und Stoßwaffen.

Antwort 230

Schusswaffen gemäß Anlage 1, Abschnitt 1, Unterabschnitt 1, Nr. 1.1 zum WaffG sind Gegenstände, die zum Angriff oder zur Verteidigung, zur Signalgebung, zur Jagd, zur Distanzinjektion, zur Markierung, zum Sport oder Spiel bestimmt sind und bei denen Geschosse durch einen Lauf getrieben werden.

Antwort 231

Den Schusswaffen stehen gleich *tragbare Gegenstände,* die zum Abschießen von Munition bestimmt sind und bei denen feste Körper gezielt verschossen werden, deren Antriebsenergie durch Muskelkraft oder eine andere Energiequelle eingebracht und durch eine Sperrvorrichtung gespeichert oder gehalten werden kann (z. B. Armbrüste, Pfeilabschussgeräte), sowie die *wesentlichen Teile* einer Schusswaffe.

Antwort 232

Wesentliche Teile von Schusswaffen und Schalldämpfer sind u. a. der Lauf oder Gaslauf, der Verschluss sowie das Patronen- oder Kartuschenlager, wenn diese nicht bereits Bestandteil des Laufes sind. Bei Kurzwaffen auch das Griffstück, soweit es den Auslösemechanismus enthält.

Antwort 233

Das Waffengesetz (WaffG) *dient dem Schutz der öffentlichen Sicherheit und Ordnung.* Es regelt unter anderem alle Fragen des Umgangs mit Waffen oder Munition wie z. B. den Erwerb und Besitz, das Führen und Schießen, die Aufbewahrung sowie die Herstellung und den Handel.
Das *Nationale Waffenregister (NWR)* wurde 2013 zur Abbildung des legalen privaten Waffenbesitzes in Deutschland in Betrieb genommen und 2020 mit dem Ziel der vollständigen Abbildung des Waffenlebenszyklus durch die Einbindung der Daten der Waffenhersteller und -händler erfolgreich ausgebaut.
Der *Kleine Waffenschein* berechtigt zum Führen von Schreckschuss-, Reizstoff- und Signalwaffen, die der zugelassenen Bauart nach § 8 BeschG entsprechen und das entsprechende Zulassungszeichen haben. Beachten Sie dazu den § 19 Abs. 4 der DGUV Vorschrift 23.

- **Frage 234**
  Beschreiben Sie beispielhaft: Was sind gemäß Anlage 2 zum WaffG *verbotene Waffen*?

- **Frage 235**
  Was sind für Schusswaffen bestimmte *verbotene Gegenstände*?

- **Frage 236**
  Was sind gemäß Anlage 2, Abschnitt 1, Nr. 1.3 zum WaffG *verbotene tragbare Gegenstände*?

- **Frage 237**
  Welches Mindestalter ist nach dem WaffG für den Umgang mit Waffen oder Munition vorgeschrieben?

- **Frage 238**
  Was bedeutet „Umgang mit einer Waffe oder Munition" im Sinne des Waffengesetzes?

- **Frage 239**
  Was hat der Erwerber zu tun, wenn er eine Schusswaffe von einer Privatperson oder von einem Händler erworben hat?

- **Frage 240**
  Eine waffenrechtliche Erlaubnis (auch der Antrag auf Ausstellung einer Waffenbesitzkarte) setzt u. a. voraus, dass der Antragsteller das 18. Lebensjahr vollendet hat, die erforderliche Zuverlässigkeit und die persönliche Eignung besitzt und die erforderliche Sachkunde nachgewiesen hat. Was muss der Antragsteller außerdem noch nachweisen?

Antwort 234
Schusswaffen,
- die über den für Jagd- und Sportzwecke allgemein üblichen Rahmen hinaus zerlegbar sind, zusammengeklappt, zusammengeschoben oder verkürzt werden können,
- die ihrer Form nach geeignet sind, einen anderen Gegenstand vorzutäuschen oder die mit Gegenständen des täglichen Gebrauchs verkleidet sind (z. B. Schießkugelschreiber).

Antwort 235
Für Schusswaffen *verbotene Gegenstände* sind z. B. Vorrichtungen, die das Ziel beleuchten oder markieren (z. B. Zielscheinwerfer, Laser oder Zielpunktprojektoren), Nachtsicht- und Nachtzielgeräte mit Montagevorrichtung für Schusswaffen und Zielfernrohre, soweit sie einen Bildwandler oder eine elektronische Verstärkung besitzen.

Antwort 236
Verbotene tragbare Gegenstände gemäß Anlage 2, Abschnitt 1, Nr. 1.3 zum WaffG sind unter anderem Stahlruten, Wurfsterne, Totschläger, Butterfly-, Spring-, Fall-, Faustmesser, Schlagringe oder Präzisionsschleudern. Auch Elektroimpulsgeräte, sofern sie nicht als gesundheitlich unbedenklich amtlich zugelassen sind und ein amtliches Prüfzeichen tragen.

Antwort 237
Gemäß § 2 Abs. 1 WaffG ist der Umgang mit Waffen oder Munition nur Personen gestattet, die das 18. Lebensjahr vollendet haben.

Antwort 238
Umgang mit einer Waffe oder Munition hat, wer diese erwirbt, besitzt, überlässt, führt, verbringt, mitnimmt, damit schießt, diese herstellt, bearbeitet, instand setzt oder damit Handel treibt.

Antwort 239
Der Erwerber einer Schusswaffe ist verpflichtet, den Erwerb binnen zweier Wochen der Erlaubnisbehörde schriftlich anzuzeigen und seine Waffenbesitzkarte vorzulegen (ggf. ist eine Waffenbesitzkarte zu beantragen).

Antwort 240
Eine waffenrechtliche Erlaubnis setzt außerdem voraus, dass der Antragsteller gemäß § 8 WaffG ein Bedürfnis nachweisen kann.

Frage 241
Kann die Behörde die Erlaubnis zum Erwerb, Besitz, Führen oder Schießen versagen, wenn die in § 4 Abs. 2 WaffG beschriebenen „allgemeinen Voraussetzungen" für die Erteilung einer Erlaubnis vorliegen?

Frage 242
Können Sie zwei Beispiele nennen, wann nach § 5 Abs. 1 WaffG davon ausgegangen wird, dass jemand nicht die erforderliche Zuverlässigkeit zum Erwerb einer waffenrechtlichen Erlaubnis besitzt?

Frage 243
Ist der Erwerb von Munition erlaubnispflichtig?

Frage 244
Wie sind Waffen und Munition gegen Abhandenkommen, insbesondere gegen Diebstahl, zu sichern?

Frage 245
Was bedeutet „Führen" im Sinne des WaffG?
(Siehe Frage 246)

Frage 246
Bedarf es zum „Bei-sich-Haben" einer schussbereiten Schusswaffe im unverschlossenen oder verschlossenen Handschuhfach eines Kraftfahrzeuges eines Waffenscheines oder genügt eine Waffenbesitzkarte?

Frage 247
Dürfen Sie als Finder eine Schusswaffe an sich nehmen? Was haben Sie in dem Fall zu veranlassen?

Antwort 241
Ja, wenn der Antragsteller seinen gewöhnlichen Aufenthalt nicht seit mindestens fünf Jahren im Geltungsbereich dieses Gesetzes hat.

Antwort 242
Die erforderliche Zuverlässigkeit zum Erwerb einer waffenrechtlichen Erlaubnis besitzt nach § 5 Abs. 1 WaffG u. a. nicht, wer rechtskräftig wegen eines Verbrechens oder wegen einer sonstigen vorsätzlichen Straftat zu mindestens einem Jahr Freiheitsstrafe verurteilt worden ist, wenn seit der Verurteilung nicht mindestens zehn Jahre verstrichen sind.

Antwort 243
Ja. Die Erlaubnis zum Erwerb und Besitz von Munition wird durch die Eintragung in eine Waffenbesitzkarte für die darin eingetragenen Schusswaffen erteilt. In den übrigen Fällen ist ein Munitionserwerbsschein erforderlich.

Antwort 244
Waffen und Munition müssen gem. § 36 WaffG, § 13 AWaffV in einem Sicherheitsbehältnis der Norm DIN/EN 1143-1 aufbewahrt werden. Waffen sind ungeladen sowie von Munition getrennt aufzubewahren.

Antwort 245
Im Sinne des WaffG führt derjenige eine Waffe, der die tatsächliche Gewalt über sie außerhalb der Wohnung, der Geschäftsräume oder des befriedeten Besitztums ausübt.

Antwort 246
Eine Waffenbesitzkarte genügt nicht. Es bedarf eines Waffenscheins, denn wer eine zugriffs- und schussbereite Waffe bei sich hat, *„führt“* eine Waffe.

Antwort 247
Gehen Sie aus Sicherheitsgründen immer davon aus, dass diese geladen und schussbereit ist. Sichern Sie den Fundort ab. Verhindern Sie den Zugang anderer Personen zur Fundstelle. Informieren Sie die Polizei. Die Waffe könnte für eine Straftat benutzt worden und Spurenträger sein.

- **Frage 248**
  Dürfen die Teilnehmer an öffentlichen Veranstaltungen, insbesondere an Volksfesten, Schusswaffen mit sich führen?

- **Frage 249**
  Handelt es sich bei Verstößen gegen das WaffG um Straftaten oder um Ordnungswidrigkeiten?

Antwort 248

Bei derartigen Veranstaltungen ist das Mitführen von Schusswaffen grundsätzlich verboten. Dies gilt auch für Hieb- und Stoßwaffen. Ausnahmen können von der Behörde erlaubt werden. Der Waffenschein ersetzt diese Erlaubnis nicht.
Beachten Sie zudem gekennzeichnete Waffenverbotszonen, die auf ein Verbot des Führens von Waffen hinweisen.

Antwort 249

Verstöße gegen die Bestimmungen des WaffG sind

1. gemäß § 51 WaffG ein *Verbrechen,* z. B., wenn jemand einen „Vollautomaten“ (= automatische Schusswaffen, bei denen aus demselben Lauf durch einmalige Betätigung des Abzuges mehrere Schüsse abgegeben werden können) oder eine Vorderschaftrepetierflinte erwirbt, bei der der Hinterschaft durch einen Pistolengriff ersetzt ist;
2. gemäß § 52 WaffG ein *Vergehen,* z. B., wenn das Bewachungspersonal entgegen § 28 Abs. 2 Satz 1 WaffG eine Schusswaffe führt, oder wenn jemand z. B. eine Schusswaffe oder Munition erwirbt, um sie entgegen § 34 WaffG einem Nichtberechtigten zu überlassen, und
3. gemäß § 53 WaffG *eine Ordnungswidrigkeit,* z. B., wenn jemand eine Waffe erwirbt und dies nicht innerhalb von zwei Wochen bei der zuständigen Behörde anzeigt oder als Erbe einer Schusswaffe nicht innerhalb eines Monats nach der Annahme der Erbschaft eine Waffenbesitzkarte oder in einer bereits ausgestellten Waffenbesitzkarte die erforderliche Eintragung beantragt, oder z. B., wenn jemand Kindern, die das zwölfte Lebensjahr vollendet haben und noch nicht 14 Jahre alt sind, entgegen § 27 WaffG das Schießen in Schießstätten mit anderen Schusswaffen als Druckluft-, Federdruckwaffen oder Waffen, bei denen zum Antrieb der Geschosse kalte Treibgase verwendet werden, gestattet.

8. Strafverfahrensrecht

8.1 Pflichten und Rechte eines Zeugen, §§ 48 ff. StPO

- **Frage 250**
  Welche Eigenschaft hat im Ermittlungsverfahren/Strafverfahren ein Zeuge?

- **Frage 251**
  Was ist „Gegenstand des Zeugenbeweises“?

- **Frage 252**
  Welche Pflichten hat ein Zeuge im Strafverfahren vor Gericht?

- **Frage 253**
  Welche Rechte hat ein Zeuge?

- **Frage 254**
  Wer ist Verwandter oder Angehöriger eines Beschuldigten und hat deshalb gemäß § 52 StPO ein Zeugnisverweigerungsrecht?

Antwort 250
Der Zeuge ist ein „persönliches Beweismittel" (Personenbeweis); eine Beweisperson, die in einem nicht gegen sie gerichteten Ermittlungs-/Strafverfahren Auskunft über die Wahrnehmung von Tatsachen gibt.

Antwort 251
„Gegenstand des Zeugenbeweises" sind wahrheitsgemäße Tatsachen, Erfahrungssätze, allgemeine Eindrücke, Beobachtungen und Sinneswahrnehmungen.

Antwort 252
Der Zeuge ist im Rahmen des Strafverfahrens verpflichtet, vor Gericht zu erscheinen, er muss wahrheitsgemäß aussagen und seine Aussage auf Verlangen beeiden. Es handelt sich um staatsbürgerliche Pflichten. Diese Pflichten haben alle deutschen Staatsangehörigen auch im Ausland. Ausländer und Staatenlose nur, wenn sie sich im Inland aufhalten.

Antwort 253
Ein Zeuge hat gemäß § 55 StPO ein Auskunftsverweigerungsrecht, das sich auf alle Fragen bezieht, durch deren Beantwortung für sich selbst oder einen gemäß § 52 StPO (Zeugnisverweigerungsrecht) bezeichneten Angehörigen die Gefahr besteht, wegen einer Straftat oder einer Ordnungswidrigkeit verfolgt zu werden.

Antwort 254
Verwandter oder Angehöriger gemäß § 52 StPO ist, wer mit dem Beschuldigten in gerader Linie verwandt oder verschwägert ist, in der Seitenlinie bis zum dritten Grad verwandt oder bis zum zweiten Grad verschwägert ist oder war, der Ehegatte des Beschuldigten, auch wenn die Ehe nicht mehr besteht, der Lebenspartner des Beschuldigten, auch wenn die Lebenspartnerschaft nicht mehr besteht, die Verlobte des Beschuldigten sowie die Person, mit der der Beschuldigte ein Versprechen eingegangen ist, eine Lebenspartnerschaft zu begründen.

Frage 255

Welche Personen sind außer den Verwandten oder Angehörigen eines Beschuldigten aus beruflichen Gründen berechtigt, das Zeugnis zu verweigern?

Frage 256

Mit welchen Folgen muss ein ordnungsgemäß geladener Zeuge rechnen, wenn er vor Gericht nicht erscheint?

Frage 257

Kann ein ordnungsgemäß geladener Zeuge vermeiden, dass das Gericht die zu Antwort 256 beschriebenen Folgen beschließt?

Frage 258

Mit welchen Folgen muss jemand rechnen, der vor Gericht eine falsche Aussage macht?

Antwort 255

Außer Verwandten und Angehörigen des Beschuldigten sind aus beruflichen Gründen gemäß § 53 StPO (Zeugnisverweigerungsrecht der Berufsgeheimnisträger) zur Verweigerung des Zeugnisses u. a. berechtigt:

- Geistliche in ihrer Eigenschaft als Seelsorger,
- Verteidiger des Beschuldigten, Rechtsanwälte, Patentanwälte, Notare, Wirtschaftsprüfer, vereidigte Buchprüfer, Steuerberater, Steuerbevollmächtigte, Ärzte, Zahnärzte, Psychologische Psychotherapeuten, Kinder- und Jugendlichenpsychotherapeuten, Apotheker und Hebammen,
- Mitglieder oder Beauftragte einer anerkannten Beratungsstelle nach den §§ 3 und 8 Abs. 1 des Schwangerschaftskonfliktgesetzes,
- Berater für Fragen der Betäubungsmittelabhängigkeit in einer Beratungsstelle über Informationen, die ihnen berufsmäßig anvertraut worden sind,
- Personen, die bei der Vorbereitung, Herstellung oder Verbreitung von periodischen Druckwerken oder Rundfunksendungen sowie Filmberichten berufsmäßig mitwirken oder mitgewirkt haben.

Antwort 256

Einem ordnungsgemäß geladenen Zeugen, der zum Termin nicht erscheint, werden die durch sein Ausbleiben entstandenen Kosten auferlegt. Außerdem wird gegen ihn ein Ordnungsgeld festgesetzt, und es ist auch die zwangsweise Vorführung zulässig.

Antwort 257

Ja. Bei einer begründeten und rechtzeitigen Entschuldigung des Zeugen entfallen auch die gemäß Antwort 256 beschriebenen Folgen. Als „rechtzeitig“ wird eine Entschuldigung aber nur akzeptiert, wenn sie so frühzeitig eingeht, dass eine Verlegung des Termins und eine Abbestellung der zur Verhandlung geladenen Personen noch möglich ist.

Antwort 258

Die Aussage eines Zeugen vor Gericht muss in vollem Umfang der Wahrheit entsprechen. Eine falsche uneidliche Aussage wird gemäß § 153 StGB mit Freiheitsstrafe von drei Monaten bis zu fünf Jahren bestraft (Vergehen). Im Falle einer Vereidigung begeht ein Zeuge, der falsch aussagt, einen Meineid. Die Mindeststrafe beträgt hier ein Jahr Freiheitsstrafe (§ 154 StGB) (Verbrechen).

Frage 259

Begeht ein Zeuge bereits eine Straftat, wenn er nicht erst vor Gericht, sondern bereits gegenüber den Ermittlungsbehörden (z. B. bei der Polizei) über ein strafrechtlich relevantes Verhalten bewusst und gewollt falsche Angaben macht, wodurch ein anderer fälschlich verdächtigt wird?

8.2 Vorläufige Festnahme, § 127 Abs. 1 StPO

Frage 260

Können Sie die Voraussetzungen nennen, unter denen jedermann eine Person gemäß § 127 Abs. 1 Satz 1 StPO vorläufig festnehmen kann?

Frage 261

Welche Daten sind erforderlich, um die Identität einer Person festzustellen?

Frage 262

Ein Unbekannter hat eine „fahrlässige Sachbeschädigung“ begangen und flüchtet. Ist in diesem Fall eine vorläufige Festnahme nach § 127 Abs. 1 Satz 1 StPO möglich?

Antwort 259

Ja. Der Zeuge erfüllt in diesem Fall (einmal abgesehen von dem in der Regel ebenfalls gegebenen Tatbestand einer Verleumdung gemäß § 187 StGB) den Tatbestand einer „falschen Verdächtigung“ gemäß § 164 StGB (Strafandrohung: Freiheitsstrafe bis zu fünf Jahren oder Geldstrafe).

Antwort 260

Eine vorläufige Festnahme ist gemäß § 127 Abs. 1 Satz 1 StPO für jedermann zulässig, wenn jemand

- *auf frischer Tat betroffen* **oder** *verfolgt wird* **und**
- *der Flucht verdächtig ist* **oder**
- *seine Identität nicht sofort festgestellt werden kann.*

Die erste Voraussetzung ist, *dass eine Straftat vorliegen muss;* des Weiteren muss der Täter „auf frischer Tat betroffen“ sein oder „verfolgt“ werden. Das heißt:

- Der Täter wird *bei Begehung* der rechtswidrigen Tat oder *unmittelbar danach am Tatort* oder *in dessen unmittelbarer Nähe* gestellt oder
- der Täter *hat sich bereits vom Tatort entfernt, sichere Anhaltspunkte (z.B. Tatspuren) weisen aber auf ihn hin und seine Verfolgung dient dem Zweck der Ergreifung,* wobei die Dauer der Verfolgung nicht begrenzt ist, sie kann bis zur Ergreifung des Täters fortgesetzt werden (kurzfristige Unterbrechungen sind zulässig).

Die Identität ist nicht sofort feststellbar, wenn der Täter unbekannt ist oder begründete Zweifel bestehen, um wen es sich tatsächlich handelt.

Antwort 261

Zur Feststellung der Identität einer Person sind folgende Daten erforderlich: *Name, Vorname, Geburtsdatum, Geburtsort und die Wohnanschrift.*

Antwort 262

Nein. Die vorläufige Festnahme nach § 127 Abs. 1 Satz 1 StPO darf „nur dem Zweck dienen, den Täter der Strafverfolgung zuzuführen“; dies ist bei einer fahrlässigen Sachbeschädigung nicht gegeben, denn sie ist nicht strafbar (vgl. dazu auch die Antworten 44, 45 und 46 in Bezug auf das Festnahmerecht nach § 229 BGB).

Frage 263

Nach einer gemäß § 127 Abs. 1 Satz 1 StPO erfolgten vorläufigen Festnahme stellt sich heraus, dass der Täter einen Rechtfertigungs- bzw. einen Schuldausschließungsgrund in Bezug auf die Tat geltend machen kann, was zum Zeitpunkt der Festnahme nicht erkennbar war. War die Festnahme ist diesem Fall „unrechtmäßig“?

Frage 264

Nach der Festnahme eines Täters wegen Hausfriedensbruchs und Beleidigung stellt sich heraus, dass der in seinen Rechten Verletzte (Berechtigte) keinen Strafantrag stellt, sodass das eigentliche Ziel der Festnahme, den Täter der Strafverfolgung und einer Bestrafung zuzuführen, nicht möglich ist. War die vorläufige Festnahme trotzdem rechtmäßig?

Frage 265

Was bedeutet bei der gemäß § 127 Abs. 1 Satz 1 StPO möglichen Festnahme das Merkmal „vorläufig“?

Frage 266

Ist bei der Festnahme auch die Anwendung körperlicher Gewalt zulässig?

Frage 267

Ist die Rechtmäßigkeit der vorläufigen Festnahme gemäß § 127 Abs. 1 Satz 1 StPO altersabhängig?

Antwort 263

Die vorläufige Festnahme war rechtmäßig, denn nicht erkennbare Rechtfertigungs- oder Schuldausschließungsgründe lassen das Festnahmerecht unberührt (vgl. dazu aber die Antwort 122).

Antwort 264

Ja, die vorläufige Festnahme ist auch in diesem Fall rechtmäßig. Es ist nicht notwendig, dass der Festnehmende zum Zeitpunkt der vorläufigen Festnahme bereits weiß, ob in dem Fall, in dem es sich um ein sog. „absolutes“ Antragsdelikt handelt, ein Strafantrag gestellt wird oder nicht.

Antwort 265

Unter „vorläufig“ ist bei einer Festnahme nach § 127 Abs. 1 Satz 1 StPO zu verstehen, dass das Festnahmerecht für jedermann nur bis zum Eintreffen der Polizei rechtlich zulässig ist (es ergibt sich daraus auch, dass es erforderlich ist, die Polizei umgehend zu verständigen).
Des Weiteren ist die Festnahme zeitlich begrenzt, das heißt, sie ist aufzuheben, wenn der Zweck einer Strafverfolgung (z. B. nach zweifelsfreier Feststellung der Identität) gesichert ist (vgl. dazu auch die Antwort 153).

Antwort 266

Ja, bei der Festnahme ist auch die Anwendung einfacher körperlicher Gewalt (z. B. Festhalten, Ansetzen eines Halte- oder Transportgriffs) zulässig. Es ist aber der Grundsatz der Verhältnismäßigkeit der Mittel zu beachten; so ist beispielsweise der Gebrauch eines Schlagstocks unzulässig, um den Täter bei der Verbringung in das Wachgebäude gefügig zu machen.

Antwort 267

Nein. Das „Jedermannsrecht“ der vorläufigen Festnahme gemäß § 127 Abs. 1 Satz 1 StPO ist nicht davon abhängig, wie alt derjenige ist, der dieses Recht wahrnimmt. Allerdings ist das Alter des mutmaßlichen „Täters“ relevant. Bei Kindern unter 14 Jahren ist deren vorläufige Festnahme unzulässig. Allerdings ist ein Irrtum über das tatsächliche Alter des mutmaßlichen Täters möglich.

9. Betriebsverfassungsrecht

- **Frage 268**
  Was ist durch das BetrVG *grundsätzlich* geregelt, und welcher *Leitgedanke* ist Inhalt dieses Gesetzes?

- **Frage 269**
  Müssen Sie als Angehöriger des privaten Sicherheitsdienstes den im Betrieb eingesetzten Beauftragten der Gewerkschaften zur Wahrnehmung ihrer Aufgaben das Recht auf Zugang zu allen betrieblichen Räumlichkeiten und Einrichtungen gewähren?

- **Frage 270**
  Ein Mitglied des Betriebsrats will nach Absprache mit der Geschäftsführung des Betriebes wegen einer Beschwerde eines Beschäftigten eine Räumlichkeit überprüfen, die nur mit einer partikelfiltrierenden Halbmaske (FFP-Maske) betreten werden darf. Das Betriebsratsmitglied weigert sich aber, eine Maske anzulegen. Kann hier der Zutritt durch den Werkschutz untersagt werden?

- **Frage 271**
  Was sind – insbesondere für den privaten Sicherheitsdienst – die wichtigsten Bestimmungen des BetrVG?

Antwort 268

Das BetrVG regelt die *betriebliche Mitbestimmung* durch die Einrichtung eines *Betriebsrats* und dessen Einflussnahme auf das Betriebsgeschehen. Der *Leitgedanke* des Gesetzes (des Betriebsverfassungsrechts) ist gemäß § 2 BetrVG die *vertrauensvolle Zusammenarbeit* zwischen *Arbeitgeber und Betriebsrat* zum Wohl der Arbeitnehmer und des Betriebes.

Antwort 269

Ja, Mitglieder des Betriebsrats dürfen grundsätzlich ohne besonderen Anlass und ohne vorherige Ankündigung Arbeitnehmer während der Arbeitszeit an ihrem Arbeitsplatz aufsuchen, um Gespräche zu führen und sich die für die Wahrnehmung ihrer Betriebsratsaufgaben erforderlichen Informationen zu beschaffen.

Antwort 270

Ja, denn der Zutritt zu der Räumlichkeit ist aus Gründen der Unfallverhütung nur mit einer partikelfiltrierenden Halbmaske (FFP-Maske) gestattet. Diese Auflage muss jeder beachten, also auch ein Mitglied des Betriebsrats.

Antwort 271

Die für den privaten Sicherheitsdienst wichtigsten Bestimmungen des BetrVG sind

- die Grundsätze für die (betriebliche) Zusammenarbeit gemäß § 74 BetrVG,
- die Grundsätze für die Behandlung von Betriebsangehörigen gemäß § 75 BetrVG,
- die Vorschrift zur Durchführung gemeinsamer Beschlüsse und Betriebsvereinbarungen gemäß § 77 BetrVG und
- die Mitbestimmungsrechte des Betriebsrats gemäß § 87 BetrVG.

Frage 272

Gemäß § 87 BetrVG ist das Mitbestimmungsrecht des Betriebsrats geregelt. Können Sie dazu beispielsweise drei grundsätzliche Regelungen beschreiben, die den Sicherheitsdienst unmittelbar angehen?

Frage 273

Sind Türspione, Spiegel oder Geräte zur Aufzeichnung von Telefongesprächen technische Einrichtungen im Sinne des § 87 BetrVG?

Frage 274

Im Zuge des Wahlkampfs vor einer Landtagswahl stellen Betriebsangehörige vor dem Zugang zur Betriebskantine Schilder auf, die inhaltlich darum werben, eine bestimmte Partei zu wählen. Ist eine solche „politische“ Aktion im Betrieb zulässig?

Frage 275

Durch eine Betriebsvereinbarung zwischen Arbeitgeber und Betriebsrat ist beispielsweise festgelegt, dass die Mitarbeiter, die in dem Bereich arbeiten, in dem ein Sandstrahlgebläse eingesetzt wird, beim Aufenthalt in der Betriebskantine nicht den arbeitsbedingten Schutzanzug tragen sollen. Gilt dies auch für Beschäftigte, die den Betriebsrat gar nicht gewählt haben?

Frage 276

Zwischen dem Arbeitgeber und dem betrieblichen Sicherheitsdienst (der sog. Inhouse Security) besteht ein besonderes Vertrauensverhältnis. Die Sicherheitskräfte werden unter anderem auch ermächtigt, bestimmte Rechte für die Geschäftsleitung wahrzunehmen wie z. B. das Hausrecht. Kann deshalb trotzdem auch ein Beschäftigter des betrieblichen Sicherheitsdienstes Mitglied des Betriebsrats sein?

Antwort 272

Wesentliche Regelungen, die gemäß § 87 BetrVG den Sicherheitsdienst unmittelbar angehen, sind u. a.

1. Fragen der Ordnung des Betriebs und des Verhaltens der Arbeitnehmer im Betrieb;
2. die Einführung und Anwendung von technischen Einrichtungen, die dazu bestimmt sind, das Verhalten oder die Leistung der Arbeitnehmer zu überwachen;
3. Regelungen über die Verhütung von Arbeitsunfällen und Berufskrankheiten sowie über den Gesundheitsschutz im Rahmen der gesetzlichen Vorschriften oder der Unfallverhütungsvorschriften.

Antwort 273

Nein, technische Einrichtungen nach § 87 BetrVG sind nur Anlagen oder Geräte, die dazu bestimmt sind, das Verhalten oder die Leistung der Arbeitnehmer zu überwachen.

Antwort 274

Nein, denn gemäß § 74 Abs. 2 BetrVG ist Arbeitnehmern und Arbeitgebern jede politische Betätigung innerhalb des Betriebs untersagt, um den Betriebsfrieden nicht zu gefährden.

Antwort 275

Ja, Betriebsvereinbarungen gemäß § 77 BetrVG gelten für alle Beschäftigten des Betriebs, unabhängig davon, ob sie den Betriebsrat mit gewählt oder sich nicht an der Wahl beteiligt haben.

Antwort 276

Ja, die Mitgliedschaft im Betriebsrat ist nicht davon abhängig, in welcher Funktion der Beschäftigte eines Betriebs eingesetzt ist.

10. Rechte und Pflichten nach der Gewerbeordnung

- **Frage 277**
  Was regelt die Gewerbeordnung?

- **Frage 278**
  Was muss der Unternehmer eines selbstständigen Betriebs veranlassen, wenn er mit der Ausübung eines Gewerbes beginnt?

- **Frage 279**
  Welche Voraussetzungen müssen die mit der Durchführung von Bewachungsaufgaben beschäftigten Personen nach § 34a GewO erfüllen?

Antwort 277

Die Gewerbeordnung (GewO) regelt grundlegende Vorschriften für jede gewerbliche Tätigkeit.

Sie legt insbesondere für den Unternehmer bestimmte Verpflichtungen fest. Diese Verpflichtungen einzuhalten und zu überwachen, ist in erster Linie Aufgabe des Unternehmers.

Er kann aber auch den gewerblichen Sicherheitsdienst mit der Überwachung beauftragen.

Antwort 278

Wer den selbstständigen Betrieb eines stehenden Gewerbes oder den Betrieb einer Zweigniederlassung oder einer unselbstständigen Zweigstelle anfängt, muss dies gemäß § 14 GewO der für den betreffenden Ort zuständigen Behörde gleichzeitig anzeigen. Diese Anzeigepflicht gilt auch bei Verlegung, Erweiterung, Änderung oder Schließung des Betriebs.

Antwort 279

Personen, die mit der Durchführung von Bewachungsaufgaben beschäftigt sind, müssen die erforderliche Zuverlässigkeit besitzen und einen *Unterrichtungsnachweis* einer Industrie- und Handelskammer erbringen.

Bei

1. Kontrollgängen im öffentlichen Verkehrsraum oder in Hausrechtsbereichen mit tatsächlich öffentlichem Verkehr,
2. Schutz vor Ladendieben,
3. Bewachungen im Einlassbereich von gastgewerblichen Diskotheken,
4. Bewachungen von Aufnahmeeinrichtungen nach §§ 44, 53 des Asylgesetzes in leitender Funktion,
5. Bewachungen von zugangsgeschützten Großveranstaltungen in leitender Funktion und als Gewerbetreibender

ist der Nachweis einer bei der Industrie- und Handelskammer erfolgreich abgelegten *Sachkundeprüfung* erforderlich.

Frage 280

Aufgrund welcher Rechtsvorschrift haben Gewerbeaufsichtsbeamte Sonderzugangsrechte zum Betrieb?

Frage 281

Ist das Sonderzugangsrecht der Beamten der Gewerbeaufsicht an bestimmte Zeiten gebunden?

Antwort 280

§ 139b GewO regelt die Tätigkeit der Gewerbeaufsicht. Die Beamten der Gewerbeaufsicht haben das Recht zur Besichtigung und Prüfung der Gewerbeanlagen. Dies räumt den Beamten der Gewerbeaufsicht ein uneingeschränktes Sonderzugangsrecht ein.

Der gewerbliche Sicherheitsdienst hat diesen Personen (nach Prüfung der Dienstausweise) Zugang zum Betriebsgelände und zu den Betriebsanlagen zu gewähren.

Antwort 281

Nein. Den Beamten der Gewerbeaufsicht müssen Besichtigungen und Prüfungen der Gewerbeanlagen zu jeder Zeit gestattet werden. Dies ist beispielsweise auch dann gegeben, wenn während der Nachtzeit Tätigkeiten im Betrieb wahrgenommen werden.

11. Rechte und Pflichten nach der BewachV

Frage 282
Welche Pflichten hat ein Gewerbetreibender des Bewachungsgewerbes vor Beginn der Bewachungstätigkeit?

Frage 283
Was müssen Personen mindestens nachweisen, wenn sie im Bewachungsgewerbe beschäftigt werden sollen?

Frage 284
Wie viele Stunden muss eine Unterrichtung im Rahmen des bei einer IHK durchzuführenden „Unterrichtungsverfahrens“ mindestens dauern, wenn Unselbstständige mit der Durchführung von Bewachungsaufgaben beschäftigt werden sollen?

Frage 285
Welche Angaben muss der Ausweis einer Wachperson gemäß § 18 BewachV enthalten?

Antwort 282

Der Gewerbetreibende hat für sich und die in seinem Gewerbebetrieb beschäftigten Personen eine Haftpflichtversicherung abzuschließen und den Wachdienst durch eine Dienstanweisung zu regeln. Der Wachperson ist vor der ersten Aufnahme der Tätigkeit ein Abdruck der Dienstanweisung sowie der Unfallverhütungsvorschrift Wach- und Sicherungsdienste (DGUV Vorschrift 23) einschließlich der dazu ergangenen Durchführungsanweisungen (DA) gegen Empfangsbestätigung auszuhändigen. Ein- und Unterweisungen sind ebenfalls durchzuführen.

Antwort 283

Sie müssen nachweisen, dass sie an einem Unterrichtungsverfahren gem. §§ 4 ff. BewachV bei einer IHK teilgenommen haben.

Antwort 284

Die Unterrichtung muss gemäß § 6 BewachV mindestens 40 Unterrichtsstunden à 45 Minuten dauern.

Antwort 285

Der Ausweis muss enthalten:

1. Familien- und Vornamen der Wachperson,
2. Namen und Anschrift des Gewerbetreibenden,
3. Bezeichnung und Anschrift des Gewerbebetriebs, sofern diese abweichen von Namen oder Anschrift des Gewerbetreibenden nach Nummer 2,
4. Unterschriften der Wachperson sowie des Gewerbetreibenden, seines Vertreters oder seines Bevollmächtigten,
5. Bewacherregisteridentifikationsnummer (Bewacher-ID) der Wachperson und des Bewachungsunternehmens.

Frage 286
Welchen Hinweis und welche Bestimmung muss die Dienstanweisung gem. § 17 BewachV enthalten?

Frage 287
Wofür hat der Gewerbetreibende gem. § 19 BewachV zu sorgen, wenn er bestimmt, dass die bei ihm beschäftigten Wachpersonen eine Dienstkleidung tragen sollen?

Frage 288
Was bedeutet die Anmeldung im Bewacherregister?

Frage 289
Handelt es sich bei den Vorschriften der BewachV um Öffentliches Recht oder Privatrecht und mit welchen Folgen muss bei Verstößen gegen diese Vorschriften gerechnet werden?

Antwort 286
Die Dienstanweisung muss den Hinweis enthalten, dass die Wachperson nicht die Eigenschaft und die Befugnisse eines Polizeivollzugsbeamten oder eines sonstigen Bediensteten einer Behörde besitzt.
Die Dienstanweisung muss ferner bestimmen, dass die Wachperson während des Dienstes nur mit Zustimmung des Gewerbetreibenden eine Schusswaffe, Hieb- und Stoßwaffen sowie Reizstoffsprühgeräte führen darf und jeden Gebrauch dieser Waffen unverzüglich der zuständigen Polizeidienststelle und dem Gewerbetreibenden anzuzeigen hat.

Antwort 287
Bestimmt der Gewerbetreibende für seine Wachpersonen eine Dienstkleidung, so hat er dafür zu sorgen, dass sie sich von Uniformen der Angehörigen von Streitkräften oder behördlichen Vollzugsorganen deutlich unterscheiden und dass keine Abzeichen verwendet werden, die Amtsabzeichen zum Verwechseln ähnlich sind.

Antwort 288
In *§ 11b der Gewerbeordnung* ist die Erfassung und Datenerhebung der nach § 34a GewO tätigen Gewerbetreibenden und Wachpersonen durch das Statistische Bundesamt (Destatis) geregelt.
Der Eintrag ins Bewacherregister nach § 11b GewO dient der Zuverlässigkeitsüberprüfung der Gewerbetreibenden und der Beschäftigten im Bewachungsgewerbe durch die zuständigen Behörden. Eine Bewacherregisteridentifikationsnummer (Bewacher-ID) wird anschließend erteilt.

Antwort 289
Die Vorschriften der BewachV sind Öffentliches Recht. Verstöße gegen diese Vorschriften werden gemäß § 22 BewachV i. V. m. § 144 GewO als Ordnungswidrigkeit mit Geldbuße geahndet.

12. Vorschriften der Unfallverhütung

- **Frage 290**
  Was sind Unfallverhütungsvorschriften?

- **Frage 291**
  Welchen gesetzlichen Auftrag haben die Unfallversicherungsträger zur Verhütung von Arbeitsunfällen?

- **Frage 292**
  Wer genehmigt die Unfallverhütungsvorschriften (UVV)?

- **Frage 293**
  Welche Regelungen bestehen für ausländische Unternehmen?

- **Frage 294**
  Handelt es sich bei den Vorschriften der „DGUV Vorschrift 23 Wach- und Sicherungsdienste“ um Öffentliches Recht oder Privatrecht, und mit welchen Folgen ist bei Verstößen zu rechnen?

- **Frage 295**
  Was regelt die „DGUV Vorschrift 1 Grundsätze der Prävention“?

Antwort 290
Die *Unfallversicherungsträger* können gem. § 15 SGB VII unter Mitwirkung der *Deutschen Gesetzlichen Unfallversicherung e. V. (DGUV)* als autonomes Recht Unfallverhütungsvorschriften über Maßnahmen zur Verhütung von Arbeitsunfällen, Berufskrankheiten und arbeitsbedingten Gesundheitsgefahren oder für eine wirksame Erste Hilfe erlassen.

Antwort 291
Gem. § 14 SGB VII haben die Unfallversicherungsträger mit Unterstützung der *DGUV* mit allen geeigneten Mitteln für die Verhütung von Arbeitsunfällen, Berufskrankheiten und arbeitsbedingten Gesundheitsgefahren zu sorgen.

Antwort 292
Die UVV und ihre Änderung bedürfen der Genehmigung des Bundesministeriums für Arbeit und Soziales (BMAS). Soweit die Vorschriften von einem Unfallversicherungsträger erlassen werden, der der Aufsicht eines Landes untersteht, entscheidet die zuständige oberste Landesbehörde über die Genehmigung.

Antwort 293
Nach § 16 Abs. 2 SGB VII gelten die UVV auch für ausländische Unternehmen und deren Beschäftigte, die eine Tätigkeit im Inland ausüben, ohne einem Unfallversicherungsträger anzugehören.

Antwort 294
Die Vorschriften der DGUV Vorschrift 23 sind Öffentliches Recht. Ein Verstoß gegen diese Vorschriften ist gem. § 28 DGUV Vorschrift 23 i. V. m. § 209 Abs. 1 Nr. 1 SGB VII eine Ordnungswidrigkeit und wird mit Geldbuße geahndet.

Antwort 295
Die DGUV Vorschrift 1 enthält insbesondere
- allgemeine Vorschriften,
- Pflichten des Unternehmers,
- Pflichten der Versicherten,
- Organisation des betrieblichen Arbeitsschutzes.

Frage 296

Welche „allgemeinen Unterstützungspflichten“ haben Versicherte nach § 15 DGUV Vorschrift 1?

Frage 297

Können Sie weitere Unterstützungspflichten der Versicherten gemäß der DGUV Vorschrift 1 nennen?

Frage 298

Welchen Bereich regelt die UVV „DGUV Vorschrift 23“?

Frage 299

Für welche Arten der Wach- und Sicherungstätigkeiten enthält die „DGUV Vorschrift 23“ UVV?

Antwort 296

Die Versicherten

- sind verpflichtet, nach ihren Möglichkeiten gemäß der Unterweisung des Unternehmens für ihre Sicherheit und ihre Gesundheit bei der Arbeit sowie für Sicherheit und Gesundheitsschutz derjenigen zu sorgen, die von ihren Handlungen oder Unterlassungen betroffen sind,
- haben die Maßnahmen zur Verhütung von Arbeitsunfällen, Berufskrankheiten und arbeitsbedingten Gesundheitsgefahren sowie für eine wirksame Erste Hilfe zu unterstützen,
- haben die entsprechenden Anweisungen des Unternehmers zu befolgen,
- dürfen erkennbar gegen Sicherheit und Gesundheit gerichtete Weisungen nicht befolgen,
- dürfen sich durch den Konsum von Alkohol, Drogen oder anderen berauschenden Mitteln nicht in einen Zustand versetzen, durch den sie sich selbst oder andere gefährden können; dies gilt auch für die Einnahme von Medikamenten.

Antwort 297

Die Versicherten haben sich gem. § 28 DGUV Vorschrift 1

- zum Ersthelfer ausbilden und in der Regel in Zeitabständen von zwei Jahren fortbilden zu lassen,
- nach der Ausbildung für Erste-Hilfe-Leistungen zur Verfügung zu stellen; sie haben unverzüglich jeden Unfall der zuständigen betrieblichen Stelle zu melden.

Antwort 298

Die „DGUV Vorschrift 23“ enthält UVV für Wach- und Sicherheitsdienste.

Antwort 299

Nach § 1 DGUV Vorschrift 23 DA / Vorschrift 24 gilt diese UVV für gewerbsmäßig ausgeübte Tätigkeiten zum Schutz von Personen und Sachwerten, z. B.

- Sicherung von Objekten, einschließlich Werkschutz,
- Empfangs- und Pfortendienst,
- Revier- und Streifendienst,
- Sicherungs-, Kontroll- und Ordnungsdienst in öffentlichen Bereichen,
- Notruf- und Serviceleitstellendienst,
- Alarmverfolgung,
- Sicherungsdienst im Handel, z. B. Kaufhausdetektive (Doormen),
- Sicherungs- und Ordnungsdienst bei Veranstaltungen, auch in Diskotheken.

■ **Frage 300**
An welchen Personenkreis richtet sich die UVV „DGUV Vorschrift 23“?

■ **Frage 301**
Welche Befähigungen müssen Sicherheitsmitarbeiter besitzen, die Sicherheitstätigkeiten ausführen?

■ **Frage 302**
Was schreibt § 4 DGUV Vorschrift 23 über Dienstanweisungen vor?

- Personenschutz,
- Sicherungs- und Kontrolldienst, z. B. im Bereich Justiz, in Gewahrsamseinrichtungen, Asylbewerberheimen, Sicherheitsdienst im Bereich von Gleisen,
- Geld- und Werttransportdienst, einschließlich dessen Logistik.

Antwort 300
Die Bestimmungen dieser UVV richten sich nach § 1 DGUV Vorschrift 23 an Unternehmer und Versicherte, die für Wach- und Sicherheitstätigkeiten zum Schutz von Personen und Sachen eingesetzt sind.

Antwort 301
Nach § 3 „Eignung" DGUV Vorschrift 23 (Durchführungsanweisungen/DA) dürfen Wach- und Sicherungstätigkeiten nur von Versicherten ausgeführt werden, die
- hierfür körperlich und geistig geeignet sowie persönlich zuverlässig sind,
- das 18. Lebensjahr vollendet haben,
- für die jeweilige Tätigkeit angemessen ausgebildet sind.

Die Ausbildungen können betriebsintern durchgeführt werden, wenn hierbei gewährleistet ist, dass alle sicherheitstechnisch erforderlichen Kenntnisse und Fähigkeiten sowie die geltenden Rechtsnormen und Vorschriften in ausreichendem Maße vermittelt werden. Hiervon unbenommen sind behördliche Prüfungen.

Antwort 302
Nach § 4 DGUV Vorschrift 23 ist das Verhalten des Wach- und Sicherheitspersonals einschließlich des Weitermeldens von Mängeln und besonderen Gefahren durch Dienstanweisungen zu regeln.
Das Wach- und Sicherheitspersonal ist vor Aufnahme der Tätigkeit und darüber hinaus regelmäßig zu unterweisen.
Das sicherheitsgerechte Verhalten bei besonderen Gefahren ist außerdem so weit wie möglich zu üben.
Die Versicherten haben die der Arbeitssicherheit dienenden Maßnahmen zu unterstützen und die Dienstanweisungen zu befolgen.
Sie dürfen keine Weisungen des Auftraggebers befolgen, die dem Sicherungsauftrag entgegenstehen.

Frage 303

Welche Arten von Dienstanweisungen kennen Sie, und welche wesentlichen Regelungen enthalten diese?

Frage 304

Was wissen Sie über das Verbot berauschender Mittel?

Antwort 303

Die sichere Durchführung von Aufträgen erfordert, dass in einer **allgemeinen Dienstanweisung** gem. § 4 der DGUV Vorschrift 23 (Durchführungsanweisungen/DA) die allgemeinen Anforderungen sowie das Verhalten der Mitarbeiter in verständlicher Sprache festgelegt sind, z. B.

- Rechte und Pflichten,
- Verschwiegenheit,
- Eigensicherung,
- Verhalten bei Konfrontationen,
- Verhalten bei Überfällen, Geiselnahmen,
- Umgang mit Schusswaffen,
- Verbot von Schreck-, Reizstoff- oder Signalschusswaffen sowie von schusswaffenähnlichen Gegenständen,
- Verbot berauschender Mittel,
- Organisations- und Kommunikationsfestlegungen,
- Verbot von Nebentätigkeiten, die nicht aufgabengebunden sind, insbesondere für Sicherungsposten im Bereich von Gleisen sowie für Versicherte bei der Durchführung von Geld- oder Werttransporten,
- Einsatz von technischen Transportsicherungen bei Geld- oder Werttransporten.

Zusätzlich zu der allgemeinen Dienstanweisung sind in einer speziellen, **objektbezogenen Dienstanweisung** Umfang und Ablauf der jeweiligen Wach- und Sicherungstätigkeit einschließlich aller vorgesehenen Nebentätigkeiten festzulegen. Hierbei sind alle Gegebenheiten und erforderlichen Maßnahmen zu berücksichtigen, die sich auf den jeweiligen Einsatz beziehen.

Die Dienstanweisungen müssen den Versicherten jederzeit – vor unbefugter Einsichtnahme geschützt – zugänglich sein.

Antwort 304

Nach § 5 DGUV Vorschrift 23 ist der Genuss von alkoholischen Getränken und die Einnahme anderer berauschender Mittel während der Dienstzeit verboten. Dies gilt auch für einen angemessenen Zeitraum vor dem Einsatz. Bei Dienstantritt muss Nüchternheit gegeben sein.

Im § 5 der DGUV V 23 (DA) heißt es: „Der Genuss von Alkohol oder anderen ähnlich wirkenden Mitteln stellt eine Gefährdung dar und gewährleistet nicht mehr die Durchführung der jeweiligen Tätigkeit. Es besteht Dienstunfähigkeit, die einen Einsatz nicht zulässt."

Aufgrund der bestehenden Fürsorgepflicht können durch den Unternehmer oder von ihm Beauftragte hilfeleistende Maßnahmen zu treffen sein.

Frage 305

Was ist gemäß § 6 DGUV Vorschrift 23 zu veranlassen, wenn im Rahmen der Sicherung von Objekten zusätzliche Tätigkeiten erforderlich werden?

Frage 306

Welche Maßnahmen sind bei Sicherungstätigkeiten, bei denen sich besondere Gefahren ergeben können, nach § 7 DGUV Vorschrift 23 zu treffen?

Frage 307

Welche Maßnahmen haben Versicherte bei festgestellten Gefahren nach § 8 DGUV Vorschrift 23 in Bezug auf zu sichernde Objekte zu treffen?

Frage 308

Welche Verpflichtungen über die Ausrüstung sind in § 10 DGUV Vorschrift 23 beschrieben?

Antwort 305

Nach § 6 DGUV Vorschrift 23 (DA) sind zusätzliche Tätigkeiten, die im Rahmen der Sicherung von Objekten über den eigentlichen Wach- und Sicherungsauftrag hinausgehen, in der **objektbezogenen Dienstanweisung** schriftlich aufzunehmen. Solche zusätzlichen Tätigkeiten können u. a. sein

- Kontrolle oder Betätigung von Einrichtungen und Anlagen,
- Winter- und Kehrdienste.

Antwort 306

Bei Sicherungstätigkeiten mit besonderen Gefahren und bei Sicherungstätigkeiten mit einem hohen Konfrontationspotenzial (z. B. Sicherungs- und Kontrolldienst im öffentlichen Nah-, Fern- und Flugverkehr oder Citystreifendienst) sind besondere Überwachungen und der grundsätzliche Einsatz von zwei oder mehr Versicherten erforderlich. Die Überwachung der eingesetzten Mitarbeiter kann dazu z. B. durch persönliche Kontrollen, Sprechfunk, Handy oder automatisch arbeitende Signalgeber erfolgen.

Antwort 307

Die Versicherten haben festgestellte Gefahren und die dagegen getroffenen Maßnahmen dem Unternehmer zu melden.
Meldungen über festgestellte Gefahren und getroffene Maßnahmen können in Abhängigkeit von dem jeweiligen Ereignis durch Telefon, Funk oder im Wachbuch erfolgen. Ein eventueller Ablöser ist ebenfalls zu informieren.

Antwort 308

Folgende Verpflichtungen finden sich in § 10 DGUV Vorschrift 23:

1. Der Unternehmer hat dafür zu sorgen, dass sich die für das Wach- und Sicherungspersonal erforderlichen Einrichtungen, Ausrüstungen und Hilfsmittel in ordnungsgemäßem Zustand befinden. Die Mitarbeiter sind in deren Handhabung zu unterweisen.
2. Anlegbare Ausrüstungen und Hilfsmittel müssen so beschaffen und angelegt sein, dass die Bewegungsfreiheit, insbesondere die der Hände, nicht mehr als nach den Umständen unvermeidbar beeinträchtigt wird.
3. Der Unternehmer hat dafür zu sorgen, dass der jeweiligen Wach- und Sicherungsaufgabe entsprechendes Schuhwerk von den Versicherten getragen wird.
4. Der Unternehmer hat dafür zu sorgen, dass bei Dunkelheit eingesetztes Wach- und Sicherungspersonal mit leistungsfähigen Handleuchten ausgerüstet ist.
5. Die Versicherten haben die zur Verfügung gestellten Ausrüstungen und Hilfsmittel bestimmungsgemäß zu benutzen.

Frage 309
Was haben Brillenträger gemäß § 11 DGUV Vorschrift 23 zu beachten?

Frage 310
Was muss ein Mitarbeiter nachweisen, damit er nach § 15 DGUV Vorschrift 23 als Hundeführer eingesetzt werden kann?

Frage 311
Was ist nach § 17 DGUV Vorschrift 23 beim Transport von Diensthunden zu beachten?

Frage 312
Welche Mitarbeiter dürfen nach § 18 DGUV Vorschrift 23 mit Schusswaffen ausgerüstet werden?

Frage 313
Dürfen Sicherheitsmitarbeiter im Dienst Schreck- oder Gas-Schusswaffen führen?

Antwort 309

Versicherte, die bei Wach- und Sicherungsaufgaben eine Brille tragen müssen, haben diese gegen Verlieren zu sichern *oder* eine Ersatzbrille mitzuführen.

Antwort 310

Als Hundeführer dürfen nur Versicherte eingesetzt werden, die entsprechend unterwiesen worden sind und dem Unternehmer ihre Befähigung regelmäßig nachgewiesen haben.

Antwort 311

Für den Transport von Diensthunden dürfen nur Kraftfahrzeuge eingesetzt werden, die mit einer Abtrennung zwischen Transportraum und Fahrgastbereich ausgerüstet sind. Als Trennvorrichtung eignen sich z.B. Gitter oder Netze, die fest verspannt und sicher gegen Durchbeißen ausgeführt sind. Kofferräume und Kofferraumeinsätze sind für den Transport von Hunden nicht geeignet.

Antwort 312

Es dürfen nur Versicherte mit Schusswaffen ausgerüstet werden, die nach dem Waffenrecht zuverlässig, geeignet und sachkundig sowie an den Waffen ausgebildet sind.
Als ausreichend ausgebildet und sachkundig gilt, wer die erforderlichen Fähigkeiten und Kenntnisse über den Umgang mit Schusswaffen und Munition, die Reichweite und Wirkungsweise der Geschosse, die waffenrechtlichen Vorschriften sowie insbesondere die Bestimmungen über Notwehr und Notstand nachgewiesen hat.

Antwort 313

Nach § 19 DGUV Vorschrift 23 ist das Bereithalten und Führen von Schreck- oder Gas-Schusswaffen bei der Durchführung von Wach- und Sicherungsaufgaben unzulässig. Das Verbot betrifft auch Reizstoff- oder Signalschusswaffen sowie sonstige schusswaffenähnliche Gegenstände, da diese ein trügerisches Sicherheitsgefühl vermitteln und ihr Einsatz bei Konfrontationen mit Schusswaffen tragenden Tätern zu einer extremen Gefährdung ohne ausreichende Selbstverteidigungsmöglichkeit führt.

- **Frage 314**
  Welche besonderen Bestimmungen gelten für Sicherheitsmitarbeiter, die für Geldtransporte eingesetzt werden?

- **Frage 315**
  Welche besonderen Maßnahmen sind nach § 25 DGUV Vorschrift 23 bei Geldtransporten durch Boten erforderlich?

Antwort 314

Nach § 24 DGUV Vorschrift 23 (zzgl. DA) darf der Unternehmer für Geldtransporte nur Personen einsetzen, die mindestens 18 Jahre alt, persönlich zuverlässig und geeignet sowie für diese Aufgabe besonders ausgebildet und eingewiesen sind.
Bei der Eignungsbeurteilung ist insbesondere auch auf Unbescholtenheit sowie eine geordnete Lebensführung zu achten, z. B. durch die unbeschränkte Auskunft nach § 41 Abs. 1 Nr. 9 Bundeszentralregistergesetz (BZRG), polizeiliches Führungszeugnis, die aktuelle Schufa-Selbstauskunft.
Im Rahmen der besonderen Ausbildung ist auch den erhöhten Anforderungen hinsichtlich des frühzeitigen Erkennens von Gefahr- und Konfrontationssituationen Rechnung zu tragen. Hierbei sind ebenfalls Kenntnisse über das rechtliche, taktische und strategische Verhalten in Situationen vor, während und nach einem Überfall zu vermitteln.

Antwort 315

Der Unternehmer hat dafür zu sorgen, dass Geldtransporte durch Boten in öffentlich zugänglichen Bereichen von mindestens zwei Personen durchgeführt werden, von denen eine Person die Sicherung übernimmt. Zum Tragen bestimmte Geldtransportbehältnisse müssen ausreichend handhabbar sein. Sie dürfen mit Boten nicht fest verbunden sein.

Teil III
Themenfeld „Rechtliche Grundlagen für Sicherheitsdienste" – Aufsatzthemen (Beispiele für eine Fallbearbeitung)

1. Rechtliche Beurteilung/Fallbearbeitung (Schema/Gliederung)

1.1 Wurde materielles Recht (also eine gesetzliche Vorschrift) verletzt?

Zum Sachverhalt:

Es wird empfohlen, den Sachverhalt mehrfach zu lesen und ggf. zu prüfende Fakten zu markieren bzw. auf einem besonderen Blatt zu notieren.

> **Beispiel:**
>
> A hat auf dem Firmengelände unbefugt einen Bohrschrauber aus dem Werkzeugschrank genommen und in seine Tasche gesteckt.

Bearbeitung des Falles:

Welche Tatbestände sind (strafrechtlich, verwaltungsrechtlich oder zivilrechtlich) zu überprüfen?

> **Beispiel:**
>
> A hat möglicherweise einen Diebstahl gemäß § 242 StGB begangen. Der Versuch ist strafbar.

Prüfung der objektiven Tatbestandsmäßigkeit:

> **Beispiel:**
>
> A hat eine fremde bewegliche Sache – nämlich „firmeneigene Gegenstände" (genaue Bezeichnung) – in seine Tasche getan, damit fremden Gewahrsam gebrochen und neuen – eigenen – Gewahrsam begründet. Dies erfüllt die objektiven Tatbestandsmerkmale der „Wegnahme einer fremden beweglichen Sache" gemäß § 242 StGB.

Prüfung der subjektiven Tatbestandsmäßigkeit:

Liegen Vorsatz bzw. Fahrlässigkeit bezüglich der Verwirklichung des objektiven Tatbestands vor?

> **Beispiel:**
>
> A hat die Gegenstände „bewusst und gewollt“ – vorsätzlich – weggenommen und sich die Gegenstände zur eigenen Nutzung angeeignet. Er handelte somit auch in Zueignungsabsicht.

Prüfung der Rechtswidrigkeit:

Tatbestandsmäßiges Handeln ist in der Regel zudem rechtswidrig, wenn keine rechtfertigenden Fakten (Rechtfertigungsgründe) vorliegen.

> **Beispiel:**
>
> A hatte kein Recht auf den Bohrschrauber und hat damit auch rechtswidrig gehandelt.

Prüfung der Schuld:

Anhand des geschilderten Sachverhalts sind darüber hinaus keine Schuldausschließungs- oder Entschuldigungsgründe gegeben.

> **Beispiel:**
>
> A hat damit auch schuldhaft gehandelt.

Prüfung der Strafverfolgungsvoraussetzungen:

Ggf. dann erforderlich, wenn die Verfolgung nur auf Antrag (Strafantrag) eintritt, z.B. bei einem Hausfriedensbruch, einer Beleidigung oder wenn erst die Immunität des Täters aufgehoben werden muss.

> **Beispiel:**
>
> Hier handelt es sich um einen Diebstahl einer nicht geringwertigen Sache (vgl. dazu § 248a StGB). Somit handelt es sich um ein Offizialdelikt. Ein Strafantrag ist nicht erforderlich.

1.2 Welche Maßnahmen sind formell zulässig (nach StPO, BGB, vertraglicher Vereinbarung)?

Beispiel:

Wie vorstehend geschildert, hat A einen Diebstahl – also eine Straftat – begangen. Dabei wurde er auf frischer Tat betroffen und er flüchtete. Seine Identität konnte nur durch eine Festnahme festgestellt werden. Die vorläufige Festnahme ist somit gemäß § 127 Abs. 1 Satz 1 StPO begründet. Danach kann jedermann eine Person vorläufig festnehmen, die auf frischer Tat betroffen oder verfolgt wird oder deren Identität nicht sofort festgestellt werden kann.

Beachte:

Die vorläufige Festnahme gemäß § 127 Abs. 1 Satz 1 StPO ist **nur zum Zwecke der Strafverfolgung** zulässig. Zur Wahrung von Rechtsansprüchen (Sicherung von Schadenersatzansprüchen gemäß § 823 BGB) ist die Rechtsgrundlage bei einer Festnahme § 229 BGB (die „erlaubte" Selbsthilfe).

Beispiel:

Steht bei einer vorsätzlichen Sachbeschädigung durch einen Betriebsangehörigen aufgrund einer Verfügung des Arbeitgebers fest, dass kein Strafantrag gestellt (d. h., eine Bestrafung ist nicht beabsichtigt bzw. es wird kein Wert auf eine Bestrafung gelegt), sondern nur die Wiedergutmachung des Schadens beansprucht wird, so ist § 229 BGB Rechtsgrundlage für die Identitätsfeststellung des Schadenverursachers.

Kontrollen von Betriebsangehörigen:

Die Befugnis zur Überprüfung von Personen, die den Betrieb verlassen, und die „Einsichtnahme" mitgeführter Behältnisse ergeben sich aus der betriebsinternen Dienstanweisung. Eine sog. „Freiwillige Unterwerfung" des Betroffenen/Beschäftigten ergibt sich durch die Einverständniserklärung bei Abschluss des Arbeitsvertrages.

2. Hinweise zur Fallbearbeitung

Die erkannten objektiven (äußeren) und subjektiven (inneren) Tatbestandsmerkmale eines strafrechtlich oder verwaltungsrechtlich relevanten Verhaltens (bzw. eines privatrechtlichen Rechtsanspruchs) sollten am Beginn der Beurteilung zunächst in der Möglichkeitsform beschrieben werden.

Somit ist ein Sachverhalt erst zu prüfen und das Ergebnis im Einzelnen zu begründen, bevor ein Verstoß gegen gesetzliche Bestimmungen, ein Eingriffsrecht oder ein Rechtsanspruch bejaht wird.

Dies ist insbesondere deshalb angebracht, damit bei Handlungen, zu denen sich bei der Überprüfung der Tatbestandsmerkmale ergibt, dass nur der Versuch einer Tat begründet werden kann oder das Verhalten des Täters nicht rechtswidrig bzw. nicht schuldhaft war, die eingangs dargelegte Behauptung, „er habe eine bestimmte Straftat begangen", später nicht korrigiert werden muss.

Beispiel:

Bei der Beurteilung eines Sachverhalts wird eingangs behauptet, dass der Täter einen Diebstahl gemäß § 242 StGB begangen habe.

Bei der Prüfung der Tatbestandsmerkmale des § 242 StGB ergibt sich dann aber, dass zwar die „Wegnahme eines Gegenstandes", somit ein Gewahrsamsbruch, gegeben, aber noch kein neuer Gewahrsam begründet worden ist, sodass die Tat im Versuchsstadium „stecken geblieben" ist und nun der eingangs behauptete „vollendete" Tatbestand eines Diebstahls berichtigt werden muss. Besser ist es deshalb, mit der „Möglichkeit" eines Diebstahls zu beginnen und dann nach Überprüfung der einzelnen Tatbestandsmerkmale, der Rechtswidrigkeit und der Schuld das definitive Ergebnis darzulegen.

Zu den nachfolgend dargestellten Fallbeispielen sind die Lösungsvorschläge in Form einer rechtlichen Beurteilung der Sachverhalte beschrieben. In vielen Fällen wird in der Prüfung generell jedoch keine vollständige „rechtliche Beurteilung" gefordert, sondern die Beantwortung einzelner fallbezogener Fragen. Anhand der Lösungsvorschläge ist es aber möglich, den jeweiligen ausführlicheren Anforderungen (Beurteilung in rechtlicher Hinsicht oder Beantwortung gezielter Fragen) zu entsprechen. Die Abhandlungen ermöglichen dem Prüfling, dass er sich nur auf die Darstellung bestimmter Tatbestände beschränkt. Er kann aber auch einzelne Tatbestandsmerkmale umfassender erläutern.

Beispiel:

Im Falle einer Sachbeschädigung (z. B. bei der gewollten Beschädigung des Betriebszaunes durch XY) kann die Antwort lauten:

- Bei einer gezielten Frage: XY hat gemäß § 303 StGB rechtswidrig eine fremde Sache beschädigt.
- Bei einer rechtlichen Würdigung: Der firmeneigene Zaun ist für XY fremd, es handelt sich um einen körperlichen Gegenstand, der repariert werden kann. Es wurde somit eine Sache beschädigt. Im Sachverhalt ist kein Rechtfertigungsgrund beschrieben, XY handelte also auch rechtswidrig und mangels eines Entschuldigungsgrundes schuldhaft. Dieses Verhalten erfüllt die Voraussetzungen einer Sachbeschädigung gemäß § 303 StGB.

3. Fallbeispiele mit Lösungsvorschlägen

Fall 1 Racheakt

Sachverhalt:

Der Fahrer einer Fremdfirma **X** wird in der Lagerhalle Ihrer Firma von der Sicherheitskraft **Y** nach einem Hilferuf eines Opfers einer Belästigung, einer im Schichtdienst tätigen Betriebsangehörigen, gestellt. **Y** verständigt die Polizei und berichtet als Zeuge über den Vorfall, sorgt für eine ärztliche Versorgung der leicht verletzten Betriebsangehörigen und meldet den Vorfall der Betriebsleitung, was unter anderem seitens der Fremdfirma zur fristlosen (verhaltensbedingten) Entlassung des noch auf Probe angestellten **X** führt.

X wird nach Abschluss der Ermittlungen unter Auflagen bis zur Gerichtsverhandlung zunächst wieder auf freien Fuß gesetzt.

Da **X** noch den Dienstplan des **Y** kennt, fasst er den Entschluss, dem **Y** einen „Denkzettel“ zu verpassen, und begibt sich während einer der folgenden Nächte zum Betriebsgelände Ihrer Firma, als **Y** Dienst hat.

Er durchtrennt mit einer Zange den Maschendrahtzaun, gelangt so auf das Betriebsgelände und versteckt sich hinter einer Ecke der Lagerhalle, um dem **Y** während des routinemäßigen Streifengangs aufzulauern. In der Sicherheitszentrale wird die Beschädigung des Zaunes über eine EMA durch ein optisches Signal angezeigt. **Y** sagt zu seinem Kollegen, dass wohl wieder ein Tier den Alarm an dem Zaun ausgelöst habe, er wolle einmal nachsehen, was passiert ist.

Aufgabe:

Wie ist das Verhalten des **X** strafrechtlich zu beurteilen? Erläutern Sie dazu die Tatbestandsmerkmale der infrage kommenden gesetzlichen Bestimmungen.

Vorüberlegungen:

X könnte

- vorsätzlich und rechtswidrig den Zaun, also eine „fremde Sache“, beschädigt haben und
- in den Betriebshof „widerrechtlich eingedrungen“ sein.

Lösungsvorschlag:

Der „firmeneigene" Zaun ist ein „körperlicher Gegenstand". **X** hat damit eine fremde Sache beschädigt, tatbestandsmäßig also eine Sachbeschädigung begangen. Er handelte bewusst und gewollt, also vorsätzlich. Er kann auch keinen Rechtfertigungsgrund für sein Verhalten in Anspruch nehmen. Ein Entschuldigungsgrund liegt ebenfalls nicht vor. Sein Verhalten ist somit gemäß § 303 StGB als tatbestandsmäßig, rechtswidrig und schuldhaft zu bewerten.

Bei dem Betriebsgelände, das gegen unbefugtes Betreten durch einen Zaun besonders gesichert ist, handelt es sich um befriedetes Besitztum. **X** hatte kein Recht, das Gelände zu betreten. Er ist somit widerrechtlich eingedrungen. Sein Handeln geschah auch bewusst und gewollt und damit vorsätzlich. Dieses Verhalten erfüllt den Tatbestand eines Hausfriedensbruchs gemäß § 123 StGB.

Zur Verfolgung der Sachbeschädigung (§ 303c StGB) und des Hausfriedensbruchs (§ 123 Abs. 2 StGB) ist jeweils die Stellung eines Strafantrags erforderlich. Beim Hausfriedensbruch handelt es sich um ein absolutes Antragsdelikt. Hier ist also ohne Strafantrag keine Verfolgung möglich.

Im Falle der Sachbeschädigung kann allerdings die Strafverfolgungsbehörde öffentliches Interesse an der Strafverfolgung feststellen und die Verfolgung von sich aus als geboten ansehen, ohne dass ein Strafantrag des Geschädigten vorliegt (relatives Antragsdelikt).

Fortsetzung des Sachverhalts:

Als **Y** an der Lagerhalle vorbeikommt, springt **X** ihn überraschend von hinten an, versetzt ihm mehrere Faustschläge und reißt ihn mit den Worten zu Boden: „Dies soll dir eine Lehre sein, in Zukunft wirst du hoffentlich keine Kollegen mehr anschwärzen." **X** flüchtet anschließend durch das von ihm geschaffene Loch im Zaun, kann aber am nächsten Tag durch die Polizei ermittelt werden und ist geständig.

Y hat durch die Tätlichkeiten des **X** mehrere Prellungen und Platzwunden erlitten, die nach ärztlicher Versorgung in einigen Wochen aber wieder verheilt sind.

Aufgabe:

Beurteilen Sie das weitere Verhalten des **X**, und erläutern Sie die strafrechtlich erfüllten Tatbestandsmerkmale.

Vorüberlegungen:

Es ist zu prüfen, ob **X** den **Y** körperlich misshandelt oder an der Gesundheit geschädigt und somit Merkmale einer gefährlichen Körperverletzung verwirklicht hat.

Lösungsvorschlag:

Die von **X** zum Nachteil des **Y** verabreichten Faustschläge und das Niederreißen des **Y** beeinträchtigen im besonderen Maße das Wohlbefinden des **Y**. Es handelte sich also um „körperliche Misshandlungen", sodass tatbestandsmäßig eine Körperverletzung i. S. d. § 223 StGB vorliegt.

Da **X** dem **Y** hinter einer Ecke der Lagerhalle „auflauert" (sich verborgen hält) und den **Y** dann überraschend von hinten angreift, ist die Körperverletzung „mittels eines hinterlistigen Überfalls" begangen worden. Diese Handlung ist tatbestandsmäßig als gefährliche Körperverletzung gemäß § 224 StGB zu bewerten. Dieses tatbestandsmäßige Handeln wurde vorsätzlich ausgeführt, war rechtswidrig und wurde schuldhaft begangen.

Da in Bezug auf die Körperverletzung ein qualifizierendes Merkmal der „gefährlichen Körperverletzung" hinzukommt, handelt es sich um ein Offizialdelikt. Diese Straftat wird somit von Amts wegen verfolgt.

Fall 2 Der Mokka-Fan

Sachverhalt:

Eine Sicherheitskraft der Firma „Kaffee-Müller" ist beauftragt, am Ein- und Ausgang der Firma „stichprobenartige" Kontrollen durchzuführen. Intern ist dazu aber vorgeschrieben, dass bei Schichtwechsel vorrangig ein reibungsloser Ablauf des Personenverkehrs zu gewährleisten ist.

Durch eine arbeitsvertragliche Vereinbarung ist unter anderem jeder Firmenangehörige verpflichtet, beim Verlassen der Firma Kontrollen des Sicherheitsdienstes – insbesondere auch eine Nachschau in mitgeführte Behältnisse – zu dulden.

In einem Rundschreiben der Firma ist außerdem mitgeteilt worden, dass bei einem Diebstahl Strafanzeige erstattet wird und dem Mitarbeiter als arbeitsrechtliche Folge die fristlose Kündigung droht.

Im Zuge einer Stichprobenkontrolle wird bei einem Schichtwechsel der dem Sicherheitsdienst namentlich nicht bekannte **A**, der eine Umhängetasche mit sich führt, beim Verlassen der Firma überprüft. In der Umhängetasche befinden sich unter zu reinigender Arbeitskleidung mehrere Päckchen einer teuren Mokkasorte im Wert von 75,00 €. Wie sich später herausstellt, ist **A** im Bereich „Verpackung und Versand“ der Firma beschäftigt. Er hatte somit ungehinderten Zugang zu den Mokkapäckchen.

Spätere Ermittlungen ergeben, dass **A** darauf vertraut hat, dass er im Rahmen des Schichtwechsels nicht kontrolliert wird. Er wollte die Mokkapäckchen als seinen Anteil für eine bevorstehende Feier seines Sportvereins verwenden.

Aufgabe:

Beurteilen Sie das Verhalten des **A** in rechtlicher Hinsicht, und erläutern Sie dabei die entsprechenden Tatbestandsmerkmale der infrage kommenden gesetzlichen Bestimmungen.

Vorüberlegungen:

A hat sich möglicherweise wegen Diebstahls gemäß § 242 StGB strafbar gemacht. Zur Verwirklichung der genannten Straftaten ist zu prüfen, ob **A** fremde bewegliche Sachen in rechtswidriger Zueignungsabsicht weggenommen hat.

Lösungsvorschlag:

Die „firmeneigenen“ Mokkapäckchen waren für **A** „fremd“. Die Mokkapäckchen sind „körperliche Gegenstände“, mit denen Ortsveränderungen durchgeführt werden können. Es handelt sich damit um „bewegliche Sachen“. **A** hat die Mokkapäckchen in seine Umhängetasche getan. Fraglich ist, ob dadurch bereits fremder Gewahrsam gebrochen und neuer Gewahrsam begründet worden, also auch schon eine „Wegnahme“ gegeben ist. Ob der Firmeninhaber ggf. bis zum Verlassen des Firmengeländes doch noch Gewahrsam (den Herrschaftswillen und die Herrschaftsmöglichkeit) – ausgeübt durch den Sicherheitsdienst – in Bezug auf die Päckchen hatte.

Hierzu ist festzustellen, dass wegen der Stichprobenkontrollen die Entdeckung vom Zufall abhängig war, zumal erschwerend hinzukam, dass die Mokkapäckchen in der Umhängetasche unter der Arbeitskleidung „versteckt“ waren. Somit war der Zugriff des Berechtigten auf sein Eigentum nicht mehr ohne Weiteres möglich, und **A** hatte bereits die „Sachherrschaft“ über die Päckchen erlangt. Die „Wegnahme“ ist daher vollendet.

A kann auch kein Recht auf die „Mitnahme“ der Päckchen für sich in Anspruch nehmen. Er wollte die Päckchen als seinen Anteil für die Feier verwenden, also wie ein rechtmäßiger Eigentümer verwerten. Er handelte deshalb in „rechtswidriger Zueignungsabsicht".

Sein tatbestandsmäßiges Handeln war damit rechtswidrig und schuldhaft, somit strafbar gemäß § 242 StGB.

Bleibt noch zu prüfen, ob hier „ein Diebstahl von geringwertigen Sachen" vorliegt; das heißt, ob die Verfolgung nur auf Antrag eintritt (§ 248a StGB).

Da die Mokkapäckchen den Gegenwert von 75,00 € ausmachen, ist dies zu verneinen, da nach herrschender Rechtsauffassung nur Sachen im Wert bis zu 50,00 € als „geringwertig" angesehen werden.

Fortsetzung des Sachverhalts:

A versucht zu flüchten, wird aber von der Sicherheitskraft **B** ergriffen, vorläufig festgenommen und in einen gesonderten Raum in der Pforte verbracht.

Aufgabe:

Prüfen Sie, ob die Festnahme des **A** durch den **B** rechtmäßig war und welche Rechtsgrundlage hier infrage kommt.

Lösungsvorschlag:

A hatte zum Zeitpunkt der Festnahme eine Straftat (Diebstahl) begangen und wurde auf frischer Tat betroffen bzw. verfolgt, außerdem stand seine Identität nicht fest. Da die Firma durch das Rundschreiben mitgeteilt hat, dass bei einem Diebstahl Strafanzeige erstattet wird, diente die vorläufige Festnahme (Verbringen des **A** zur Pforte) der **Strafverfolgung** und war rechtmäßig. Als Rechtsgrundlage kommt § 127 Abs. 1 Satz 1 StPO infrage.

Fortsetzung des Sachverhalts:

A verweigert anschließend die Angaben zur Person. **B** will deshalb weisungsgemäß mit einem Handy die Polizei verständigen, was **A** verhindern will. Er ergreift deshalb das auf dem Tisch liegende Handy und wirft es zu Boden, wodurch das Handy der Firma beschädigt wird und in Reparatur gegeben werden muss.

Aufgabe:

Wie ist das weitere Verhalten des **A** strafrechtlich zu beurteilen?

Vorüberlegungen:

Es ist zu prüfen, ob **A** rechtswidrig eine fremde Sache beschädigt oder zerstört hat.

Lösungsvorschlag:

Zur Prüfung der unabhängig von dem Diebstahl begangenen Sachbeschädigung ist festzustellen, dass es sich bei dem „firmeneigenen" Handy um einen „körperlichen Gegenstand" – also um eine fremde Sache – handelt. Das Handy ist nach der Sachverhaltsdarstellung reparaturfähig und somit tatbestandsmäßig „beschädigt" worden. **A** kann für sein Handeln keinen Rechtfertigungsgrund in Anspruch nehmen. Er hat damit fremde Sachen „rechtswidrig" zerstört bzw. beschädigt. Er handelte auch schuldhaft, denn er tat dies bewusst und gewollt (vorsätzlich). Dies erfüllt den Tatbestand der Sachbeschädigung, strafbar gemäß § 303 StGB.

Prozessvoraussetzung (zur Strafverfolgung) ist hier die Stellung eines Strafantrags durch den Eigentümer der Firma oder durch den Berechtigten (§ 303c StGB).

Es sei denn, dass die Strafverfolgungsbehörde wegen des hier anzunehmenden öffentlichen Interesses eine Verfolgung von Amts wegen für geboten erachtet. Die Stellung eines Strafantrags wäre dann seitens des Geschädigten nicht mehr erforderlich (relatives Antragsdelikt).

Fall 3 Der Kavalier

Sachverhalt:

A und **B** sind als Sicherheitskräfte tätig und verrichten seit längerer Zeit gemeinsam Dienst. **A** hat sich in die Sekretärin **C** verliebt, lädt sie in exquisite Lokale zum Essen ein und macht ihr auch teure Geschenke. **A** gerät dadurch schon bald in eine finanzielle Krise und kann seinen übrigen Zahlungsverpflichtungen kaum noch nachkommen. Er weiß, dass sein Kollege **B** kürzlich in den Genuss einer Erbschaft gekommen ist und stets eine größere Summe Bargeld bei sich hat. Dieses Geld bewahrt **B** in einer Geldtasche auf, die er während des Dienstes immer in den ihm zugewiesenen verschließbaren Schrank legt.

Als **B** eines Nachts auf Streifengang ist, öffnet **A** den Schrank des **B** mit einem Nachschlüssel und nimmt aus der prall gefüllten Geldtasche des **B**

80,00 €. **A** verschließt den Schrank des **B** wieder, und **B** bemerkt zunächst nicht, dass die 80,00 € fehlen. Beide beenden ihren Dienst wie gewohnt.

Am nächsten Tag stellt **B** den **A** zur Rede und hält ihm vor, dass ihm 80,00 € fehlen und nur **A** als Täter infrage käme, da nur er wisse, wo er sein Geld aufbewahre. Er habe sich schon gewundert, dass sich das Schloss seines Schrankes etwas schwerer öffnen ließ und seine Geldtasche verkehrt herum lag, als er sie gestern herausnahm. **A** gibt daraufhin zu, dass er das Geld aus der Geldtasche genommen hat, und appelliert an die Freundschaft mit **B**. Er habe sich in einer Zwangslage befunden und aus Verzweiflung angesichts seiner finanziellen Lage gehandelt. Das Geld habe er nicht für sich behalten, sondern dafür Geschenke gekauft, die er der **C** zum Geburtstag überreicht habe. Er wollte sich das Geld auch nur bis zum nächsten Zahltag leihen und dann unbemerkt wieder in die Geldtasche des **B** zurücklegen.

Aufgabe:

Beurteilen Sie das Verhalten des **A** in strafrechtlicher Hinsicht. Prüfen und erläutern Sie dabei ausführlich die Tatbestandsmerkmale der infrage kommenden gesetzlichen Bestimmungen.

Vorüberlegungen:

Im vorliegenden Fall ist zu prüfen, ob sich **A** wegen Diebstahls in einem besonders schweren Fall (§§ 242, 243 StGB) strafbar gemacht hat.

Dies ist dann der Fall, wenn **A** einem anderen eine fremde bewegliche Sache in der Absicht weggenommen hat, sich diese rechtswidrig zuzueignen, und dabei Merkmale eines besonders schweren Falles eines Diebstahls verwirklicht hat.

Sollte sich hierzu bestätigen, dass **A** die Tatbestandsmerkmale eines besonders schweren Falles eines Diebstahls erfüllt hat, so bleibt zu prüfen, ob ggf. der Fall eines „Diebstahls geringwertiger Sachen" angenommen werden kann.

Lösungsvorschlag:

Das Geld ist ein „körperlicher Gegenstand", mit dem „Ortsveränderungen" vorgenommen werden können; Eigentümer der 80,00 € war **B**. Es handelte sich also tatbestandsmäßig um eine fremde bewegliche Sache.

Nach der „Entnahme" der 80,00 € aus der Geldtasche des **B** hat **A** die tatsächliche „Sachherrschaft/Verfügungsgewalt" über das Geld erlangt.

B hatte somit keine „Herrschaftsmöglichkeit“ mehr über die 80,00 €. **A** hat damit alten Gewahrsam gebrochen, neuen Gewahrsam begründet und das Tatbestandsmerkmal einer Wegnahme erfüllt.

A hat **B** enteignet und sich das Geld angeeignet, da er für die 80,00 € Geschenke kaufte und sich damit so verhielt, als wäre das Geld sein Eigentum. Dies sind sichere Kennzeichen einer Zueignung.

Die von **A** behauptete finanzielle Zwangslage, ein Handeln in einer finanziellen Zwangslage und die angebliche Leihe des Geldes, sind keine Rechtfertigungsgründe, die **A** für sich in Anspruch nehmen kann. **A** hat das Geld auch bewusst und gewollt (vorsätzlich) weggenommen und damit in rechtswidriger Zueignungsabsicht gehandelt. Sein Verhalten erfüllt damit den Tatbestand eines Diebstahls.

Durch die Verwendung eines „falschen Schlüssels“ zur Öffnung des Schrankes erfüllt **A** außerdem einen „Regelfall des besonders schweren Diebstahls“.

Bleibt noch zu prüfen, ob hier der Diebstahl einer geringwertigen Sache angenommen und damit gemäß § 243 Abs. 2 StGB ggf. ein besonders schwerer Fall eines Diebstahls ausgeschlossen werden kann.

Da es sich bei dem Diebesgut um 80,00 € handelte und nach herrschender Rechtsauffassung nur Sachen im Wert von bis zu 50,00 € als „geringwertig“ angesehen werden, handelt es sich **nicht** um eine geringwertige Sache im Sinne des § 248a StGB.

Zusammenfassend ist festzustellen, dass **A** tatbestandsmäßig, rechtswidrig und schuldhaft einen Diebstahl in einem besonders schweren Fall gemäß §§ 242, 243 StGB begangen hat.

Fortsetzung des Sachverhalts:

B akzeptiert die von **A** vorgetragene Rechtfertigung nicht und will sein Geld sofort zurückhaben, was **A** jedoch ablehnt. Er bittet **B**, doch bis zum nächsten Zahltag zu warten. **B** wird daraufhin wütend, „holt aus“, um **A** einen Faustschlag zu versetzen.

Aufgabe:

Wie ist das Verhalten des **B** rechtlich zu beurteilen? Nehmen Sie dabei auch Stellung, ob **B** ein Recht hatte, die sofortige Rückgabe des Geldes von **A** zu erzwingen.

Vorüberlegungen:

B hätte sich wegen einer versuchten Körperverletzung strafbar gemacht, wenn ihm nachgewiesen werden kann, dass er „rechtswidrig versucht hat, **A** körperlich zu misshandeln". Es ist weiterhin zu prüfen, ob **B** im Rahmen der „Selbsthilfe" gemäß § 859 BGB die sofortige Rückgabe des Geldes erzwingen kann.

Lösungsvorschlag:

B setzt hier unmittelbar dazu an, **A** körperlich zu misshandeln, da das Verabreichen eines Schlages mit der Faust geeignet ist, das körperliche Wohlbefinden erheblich zu beeinträchtigen. Objektiv tatbestandsmäßig liegt damit der Versuch einer Körperverletzung vor, der gemäß § 223 Abs. 2 StGB strafbar ist. **B** hat auch rechtswidrig gehandelt und bewusst und gewollt (vorsätzlich) „zu einem Schlag mit der Faust ausgeholt". Sein Verhalten war deshalb auch schuldhaft. **B** hat sich wegen einer versuchten Körperverletzung gemäß § 223 Abs. 2, §§ 22, 23 StGB zu verantworten.

Es handelt sich hier gemäß § 230 StGB um ein Antragsdelikt, d.h., zur Verfolgung dieser versuchten Körperverletzung ist es erforderlich, dass **A** einen Strafantrag stellt. Da es sich um ein „relatives" Antragsdelikt handelt, kann die Strafverfolgungsbehörde bei einem besonderen öffentlichen Interesse eine Strafverfolgung von Amts wegen für geboten halten.

Bleibt noch zu prüfen, ob **B** möglicherweise noch das Selbsthilferecht wegen verbotener Eigenmacht gemäß § 859 BGB für sich in Anspruch nehmen kann, um die sofortige Herausgabe des Geldes zu erzwingen.

Dazu ist festzustellen, dass diese Möglichkeit für **B** nicht mehr besteht, da der Diebstahl des Geldes zeitlich bereits zurückliegt und nicht gerade stattfindet. Es liegt deshalb kein „Betreffen auf frischer Tat" mehr vor.

Fortsetzung des Sachverhalts:

A kann aber dem Schlag ausweichen, und als **B** erneut zu einem Schlag ausholt, wehrt **A** den Angriff des **B** durch einen Selbstverteidigungsgriff ab und verletzt **B** dabei leicht am Arm.

B lässt daraufhin von **A** ab und muss wegen der Verletzung ärztlich versorgt werden, es ergeben sich aber keine bleibenden gesundheitlichen Schäden.

Aufgabe:

Wie ist die Tätlichkeit des **A** strafrechtlich zu beurteilen? Hat **B** gegenüber **A** Anspruch auf Schmerzensgeld? Hat **B** rechtlich einen Anspruch, sein Geld von **A** zurückzubekommen? Welche Rechtsgrundlage kommt hierfür infrage? Ist der Schadenersatzanspruch davon abhängig, ob **A** bestraft wird?

Vorüberlegungen:

A hätte sich möglicherweise wegen einer Körperverletzung zum Nachteil des **B** zu verantworten, bei der die „Rechtswidrigkeit" besonders zu prüfen ist, da **A** möglicherweise in Notwehr handelte.

Lösungsvorschlag:

Bei seinem tätlichen Angriff wurde **B** durch den Selbstverteidigungsgriff von **A** verletzt. Dies ist tatbestandsmäßig eine körperliche Misshandlung. Es handelt sich aber hier eindeutig um eine Verteidigungshandlung, die erforderlich und auch verhältnismäßig war, um den gegenwärtigen (andauernden) rechtswidrigen Angriff des **B** abzuwenden.

A hat in diesem Fall nicht rechtswidrig gehandelt, da er den Rechtfertigungsgrund der Notwehr gemäß § 32 StGB für sich in Anspruch nehmen kann, und bleibt wegen der Körperverletzung straflos.

B hat keinen Anspruch auf Schmerzensgeld, da er die Ursachen für seine Verletzung selbst verschuldet hat.

Da der Diebstahl gleichzeitig eine „unerlaubte Handlung" ist, hat **B** einen Rechtsanspruch gegenüber dem **A** auf Rückzahlung des Geldes. Rechtsgrundlage ist § 823 BGB.

Der Rechtsanspruch des **B** auf Schadenersatz ist nicht von einer Bestrafung des **A** wegen des Diebstahls abhängig.

Fall 4 Reisekosten

Sachverhalt:

Die Sicherheitskraft **X** wird beauftragt, in den nächsten vier Wochen in einer außerhalb der Firma gelegenen Filiale Dienst zu verrichten. Die Firma stellt dazu ein Firmenfahrzeug zur Verfügung, das aber schon am zweiten Tag nicht mehr fahrbereit ist. **X** erhält deshalb die Genehmigung, die Fahrten mit seinem Privat-Pkw gegen Erstattung der Reisekosten (30 Cent pro km) durchzuführen.

Nach Beendigung seines Außeneinsatzes erhält **X** von dem Filialleiter einen schriftlichen Beleg über seine Arbeitszeiten, in dem zur Abrechnung der Reisekosten auch die zusätzlich gefahrenen Kilometer eingetragen sind, da **X** ja seinen eigenen Pkw benutzt hat.

Bevor **X** den Beleg bei der Verwaltung der Zentrale vorlegt, ändert er die in dem Beleg angegebene Anzahl der gefahrenen Kilometer und trägt pro Tag jeweils zehn km mehr ein, in der Hoffnung, dass dies nicht bemerkt wird. Die überhöht geltend gemachten Reisekosten werden auch von der Abrechnungsstelle der Firma erstattet.

Erst als eine andere Sicherheitskraft anschließend den gleichen Auftrag erhält, fällt der Abrechnungsstelle auf, dass die Entfernungsangabe in dem Beleg des **X** falsch war. Eine Rückfrage bei dem Filialleiter ergibt, dass in der Durchschrift des Belegs für **X** eine geringere Anzahl der gefahrenen Kilometer vermerkt ist.

X wird zur Rede gestellt und rechtfertigt sein Verhalten damit, dass er die Angaben des Filialleiters für nicht richtig gehalten habe; es sei ja wohl ein Entgegenkommen seinerseits gewesen, dass er überhaupt sein Fahrzeug für die beruflich bedingten Fahrten benutzt habe. Man solle sich seitens der Firma mal nicht so anstellen.

Aufgabe:

Beurteilen Sie das Verhalten des **X** in strafrechtlicher Hinsicht, und erläutern Sie dabei ausführlich die Tatbestandsmerkmale der infrage kommenden gesetzlichen Bestimmungen des StGB.

Vorüberlegungen:

X hat sich durch sein Verhalten möglicherweise wegen Urkundenfälschung (§ 267 StGB) und (in Tateinheit) wegen eines Betruges (§ 263 StGB) strafbar gemacht.

Tatbestandsmäßig ist nachzuweisen, ob es sich bei dem Beleg um eine „Urkunde“ handelt, die „zur Täuschung im Rechtsverkehr“ verwendet und „verfälscht“ worden ist. Um die Tatbestandsmerkmale eines Betruges zu verwirklichen, muss eine Täuschungshandlung gegeben sein, die einen Irrtum erregt hat, der dann zu einer Vermögensverfügung führte und einen Vermögensschaden zur Folge hatte. Die Merkmale müssen in der Absicht verübt worden sein, sich einen rechtswidrigen Vermögensvorteil zu verschaffen, und „kausal“ (ursächlich) im Zusammenhang stehen.

Lösungsvorschlag:

Bei dem Reisekostenbeleg handelte es sich um eine „verkörperte Gedankenerklärung", die als solche zweifelsfrei verständlich war und den Aussteller (Filialleiter) erkennen ließ. Der Beleg diente auch als Beweis (Nachweis) dafür, wie viele Kilometer **X** gefahren ist. Es handelt sich also um eine „Urkunde".

Zwischen dem Arbeitgeber und **X** besteht aufgrund des Arbeitsvertrages ein Rechtsverhältnis und in diesem Fall eine zusätzliche rechtliche Vereinbarung zur Zahlung einer Kilometerpauschale. **X** veränderte die in dem Beleg eingetragenen Angaben zur tatsächlich gefahrenen Kilometeranzahl. **X** „verfälschte" damit eine Urkunde und „gebrauchte" sie tatbestandsmäßig zur „Täuschung im Rechtsverkehr".

Die von ihm vorgebrachte Schutzbehauptung, dass er die Angaben des Filialleiters für nicht richtig gehalten habe, hat hier keine rechtfertigende Wirkung, sein Verhalten war also rechtswidrig. **X** hat auch bewusst und gewollt (vorsätzlich) eine Eintragung in dem Beleg verfälscht und im Rechtsverkehr getäuscht. Er handelte somit auch schuldhaft. Sein Verhalten erfüllt damit den Tatbestand einer Urkundenfälschung.

Die durch die Vorlage des inhaltlich falschen Belegs gegebene Täuschungshandlung ist bereits ein Tatbestandsmerkmal eines Betruges. **X** hat dadurch bei der Abrechnungsstelle der Firma auch den Irrtum erregt, dass ihm mehr Kilometergeld zusteht, was schließlich dazu geführt hat, dass eine entsprechende Vermögensverfügung getroffen wurde, aufgrund derer für die Firma ein Vermögensschaden eingetreten ist.

Das von **X** vorgebrachte Entgegenkommen durch die Benutzung seines eigenen Fahrzeugs kann hier nicht als Rechtfertigung angesehen werden, denn dies wird bereits durch die Bezahlung der Kilometerpauschale berücksichtigt. **X** wollte durch die falschen Angaben auch erreichen, dass ihm mehr Kilometergeld gezahlt wird; er handelte deshalb in der Absicht, sich einen rechtswidrigen Vermögensvorteil zu verschaffen.

Die vorgenannten Tatbestandsmerkmale stehen auch im ursächlichen Zusammenhang und bewirken letztlich einen Vermögensschaden, der absichtlich herbeigeführt worden ist.

X hat sich damit wegen Betruges und (in Tateinheit) wegen einer Urkundenfälschung zu verantworten, strafbar gemäß §§ 263, 267, 52 StGB.

Fall 5 Digitalkamera

Sachverhalt:

A ist bei einer Firma beschäftigt, die Digitalkameras herstellt. Beschäftigte der Firma können gegen reduzierte Bezahlung eine Kamera und auch die dafür erforderlichen Speichermedien erwerben, sind aber verpflichtet, dem Werkschutz beim Verlassen der Firma einen entsprechenden Kaufbeleg vorzulegen.

A wird beim Verlassen der Firma durch die Sicherheitskraft **B** kontrolliert, da er eine neue hochwertige Kamera unter dem Arm hat. **A** zeigt dazu auch einen Kaufbeleg vor. Bei näherer Betrachtung des Belegs ergibt sich, dass in den Rubriken „Gegenstand“ und „Preis“ offensichtlich Änderungen vorgenommen worden sind. **B** hält **A** vor, dass hier erhebliche Zweifel bestehen und **A** die Kamera offensichtlich nicht ordnungsgemäß gekauft hat.

A erklärt nun, dass er früher mehrere Speicherkarten gekauft und den damals erhaltenen Beleg geändert habe. Er sei momentan finanziell in einem Engpass, er benötige die Kamera aber jetzt als Geburtstagsgeschenk für seinen Sohn. Um die Kamera sicherzustellen, bittet **B** darum, ihm die Kamera zu übergeben.

Aufgabe:

Beurteilen Sie das Verhalten des **A** in strafrechtlicher Hinsicht, und erläutern Sie dabei die Tatbestandsmerkmale der verletzten Vorschriften.

Vorüberlegungen:

A könnte sich wegen einer Urkundenfälschung und wegen Betruges strafbar gemacht haben. Dies ist dann der Fall, wenn er zur Täuschung im Rechtsverkehr eine Urkunde verfälscht hat und die Täuschung darauf gerichtet war, sich einen rechtswidrigen Vermögensvorteil zu verschaffen.

Lösungsvorschlag:

Bei dem Kaufbeleg handelte es sich um eine „verkörperte Gedankenerklärung“, die den Aussteller erkennen ließ und – für jedermann nachvollziehbar – den ordnungsgemäßen Kauf der Kamera beweisen (nachweisen) sollte. Es handelte sich somit um eine „Urkunde“.

A hat den Inhalt des Kaufbelegs verändert und damit eine Urkunde „verfälscht“. Dadurch, dass er den Beleg bei der Kontrolle vorlegte, hat er außerdem eine verfälschte Urkunde „gebraucht“. Zwischen **A** und der Firma (dem Arbeitgeber) besteht ein Rechtsverhältnis. **A** „täuschte“ und gebrauchte eine Urkunde „im Rechtsverkehr". Sein tatbestandsmäßiges Handeln war auch rechtswidrig. Er handelte auch bewusst und gewollt (vorsätzlich), also schuldhaft.

Das Verhalten des **A** erfüllt somit den Tatbestand einer Urkundenfälschung gemäß § 267 StGB.

A hat außerdem durch die Vorlage des verfälschten Kaufbelegs „vorgespiegelt", die Kamera ordnungsgemäß gekauft zu haben. Diese Täuschungshandlung ist Tatbestandsmerkmal eines Betruges. Er wollte damit auch einen Irrtum in der Absicht erregen, sich einen rechtswidrigen Vermögensvorteil zu verschaffen. Es gelang **A** dann aber nicht, diesen Irrtum bei **B** zu erregen, da die Verfälschung des Belegs erkannt wurde.

A hatte jedoch unmittelbar dazu angesetzt und nach seiner Vorstellung alles getan, um zu betrügen. Sein Verhalten führte auch bereits zur unmittelbaren Gefährdung des Firmenvermögens. **A** hat damit „versucht", einen Betrug zu begehen. Da es sich bei einem Betrug um ein Vergehen handelt, ist der Versuch nur strafbar, wenn dies im Gesetz ausdrücklich bestimmt ist. Dies ist hier der Fall, sodass **A** sich auch wegen eines versuchten Betruges gemäß § 263 Abs. 2, §§ 22 und 23 StGB zu verantworten hat.

Fortsetzung des Sachverhalts:

A lehnt es jedoch ab, die Kamera zu übergeben, und beschimpft **B** mit den Worten „Du blöder Werksbulle". **B** wendet nun einfache körperliche Gewalt an und nimmt **A** die Kamera ab, um sie später wieder in das Lager zu bringen. **A** wird bei der Anwendung der körperlichen Gewalt nicht verletzt.

Aufgabe:

Wie ist das weitere Verhalten des **A** strafrechtlich zu beurteilen? Nehmen Sie Stellung, ob **B** dem **A** die Kamera mit Gewalt abnehmen durfte.

Vorüberlegungen:

A hat durch die Beschimpfung des **B** ggf. den Tatbestand einer Beleidigung erfüllt. Das Verhalten des **B** ist dahin gehend zu prüfen, ob die Wegnahme der Kamera im Rahmen einer „Besitzkehr" zulässig war.

Lösungsvorschlag:

Die Beschimpfung des **A** ist bei objektiver Betrachtung zweifelsfrei eine Ehrverletzung und erfüllt somit den Tatbestand einer Beleidigung gemäß § 185 StGB.

Die Beleidigung ist gemäß § 194 Abs. 1 StGB ein „absolutes“ Antragsdelikt. Das heißt, **B** müsste hier einen Strafantrag gegen **A** stellen, damit diese Straftat verfolgt werden kann.

Die Wegnahme der Kamera durch **B** ist einerseits als Notwehrhandlung gemäß § 227 BGB gerechtfertigt, denn sie war eine „Verteidigungshandlung“ gegen die „unerlaubte Mitnahme“ der Kamera seitens des **A**, die als ein „Angriff“ auf das Rechtsgut „Eigentum“ der Firma anzusehen ist. Der Angriff auf das Rechtsgut war auch „gegenwärtig und rechtswidrig“, denn er fand gerade statt, und **A** hatte kein Recht auf die Kamera. Da **A** die Kamera nicht übergeben wollte, war die Anwendung der einfachen körperlichen Gewalt durch **B** auch „erforderlich“ und als ein „angemessenes Mittel“ verhältnismäßig, um den „Erfolg“ – Sicherung des Eigentums der Firma – zu erreichen.

Andererseits kann hier seitens des **A** aber auch eine „Besitzentziehung“ gemäß § 858 BGB angenommen werden. **B** steht hier als Besitzdiener das Selbsthilferecht gemäß §§ 859, 860 BGB zu. Er kann sich also der „verbotenen Eigenmacht“ – ausgeübt durch **A** – „mit Gewalt erwehren“ und **A** die Kamera im Rahmen der „Besitzkehr“ wegnehmen.

Das Verhalten des **B** im Zusammenhang mit der Wegnahme der Kamera gegen den Willen des **A** war damit rechtmäßig, rechtlich mehrfach abgesichert und zulässig.

Fortsetzung des Sachverhalts:

Während **A** nun freiwillig mit **B** in das Sicherheitsbüro geht, tritt **C** hinzu, der mit **A** eng befreundet ist, den Vorfall beobachtet hat und früher selbst mit **B** als Sicherheitskraft tätig war. **C** bittet **B**, die Sache zu vergessen und von einer Meldung abzusehen, schließlich sei für die Firma ja kein Schaden entstanden. **B** will aber dieser Bitte nicht nachkommen und sagt zu **C**, er möge sich nicht einmischen. Daraufhin wird **B** von **C** bedroht, er solle keine Meldung machen, da er dem Werkschutzleiter sonst mitteilen werde, dass **B** früher bei Verstößen anderer Mitarbeiter gegen Betriebsvereinbarungen, u. a. bei widerrechtlicher Benutzung der Firmenwaschanlage, keine Meldung vorgelegt, mehrfach unerlaubt Geschenke angenommen und nachts im Dienst Alkohol getrunken habe; dies wisse er noch aus der gemeinsamen Dienstzeit mit **B**.

Aufgabe:

Beurteilen Sie das Verhalten des **C** in strafrechtlicher Hinsicht, und prüfen Sie dabei die Tatbestandsmerkmale der infrage kommenden gesetzlichen Bestimmungen.

Vorüberlegungen:

C müsste sich wegen einer Nötigung verantworten, wenn er **B** gegenüber rechtswidrig mit einem empfindlichen Übel gedroht hat. Hier ist in Bezug auf die Rechtswidrigkeit insbesondere zu prüfen, ob die Androhung des Übels als „verwerflich" anzusehen ist.

C hat außerdem möglicherweise den Tatbestand einer Begünstigung erfüllt, wenn er **A** die Vorteile aus einer Straftat sichern wollte.

Lösungsvorschlag:

C „droht" **B**, Verfehlungen, die **B** in der Vergangenheit beging, dem Werkschutzleiter zu melden, und „nötigt" ihn, die Meldung zu unterlassen. **B** muss im Falle, dass seine früheren Verfehlungen bekannt werden, mit arbeitsrechtlichen Konsequenzen rechnen, was für ihn zweifelsfrei als „ein empfindliches Übel" anzusehen ist. **C** erfüllt damit die Tatbestandsmerkmale einer Nötigung. Sein Verhalten ist hier auch als ein „hoher Grad an Missbilligung" zu bewerten, da Straftaten „vertuscht" werden sollen, was im Sinne des § 240 Abs. 2 StGB als „verwerflich" anzusehen ist. Er hat somit auch rechtswidrig und schuldhaft gehandelt. **C** hat sich damit wegen Nötigung gemäß § 240 StGB zu verantworten.

In Bezug auf sein Verhalten muss bei einer Begünstigung tatbestandsmäßig hinzukommen, dass er **A** „die Vorteile der Taten sichern will". Die Hilfeleistung ist hier nicht geeignet, die durch die Vortaten erlangten Vorteile zu sichern, da **B** die Kamera bereits sichergestellt hat, um sie in das Lager zurückzubringen. Der Tatbestand einer Begünstigung im Sinne des § 257 StGB ist daher nicht erfüllt.

Fortsetzung des Sachverhalts:

Nach der Bedrohung durch **C** sieht **B** von einer Meldung ab. Die Kamera wird unbemerkt wieder in das Lager gebracht und der Beleg vernichtet.

Aufgabe:

Beurteilen Sie das pflichtwidrige Verhalten des **B**.

Vorüberlegungen:

B kann möglicherweise durch das Unterlassen der Meldung zum Verhalten des **A** tatbestandsmäßig eine Begünstigung begangen haben, wenn ihm vorgeworfen werden kann, dass er **A** die Vorteile aus einer Straftat sichern wollte bzw. gesichert hat.

Des Weiteren ist zu prüfen, ob er wegen der Unterlassung seiner Meldepflicht zugunsten des **A** und in Bezug auf frühere Verfehlungen anderer Mitarbeiter bei Verstößen gegen die Betriebsvereinbarungen, durch die unerlaubte Annahme von Geschenken und den Alkoholgenuss während der Dienstzeit gegen gesetzliche Bestimmungen verstoßen hat.

Lösungsvorschlag:

Strafrechtlich ist **B** kein Vorwurf zu machen, denn zu der möglicherweise begangenen Begünstigung hat er (wie zum vorigen Lösungsvorschlag bereits beschrieben) nicht tatbestandsmäßig gehandelt.

Die Verfehlungen wegen Unterlassens der Meldungen in der Vergangenheit und der Gegenwart sind arbeits- bzw. dienstrechtliche Verfehlungen, die seitens des Arbeitgebers mindestens eine Abmahnung rechtfertigen.

Fall 6 Ein vermeintlicher Angriff

Sachverhalt:

Die Firma XY ist mit der Entwicklung waffentechnischer Systeme befasst. Das Firmengelände wird rund um die Uhr von Sicherheitskräften bewacht, die legal mit Schusswaffen ausgerüstet sind.

In Bezug auf die Sicherheitslage wurden die mit den Sicherungsaufgaben beauftragten Beschäftigten aktuell zu erhöhter Aufmerksamkeit aufgefordert, da die Firma wiederholt Drohbriefe erhalten hatte, in denen eine extremistische Organisation ankündigte, dass die Fertigungsanlage der Firma in Kürze angegriffen werde und dabei auf das Leben der Beschäftigten keine Rücksicht genommen werden könne.

Eines Abends bemerkt die Sicherheitskraft **A** während einer Streife im Schein der Laterne an der Außenseite des die Firma nach außen absichernden Maschendrahtzauns in einer Entfernung von ca. 30 m eine Person, die offensichtlich mit einem Gewehr auf ihn zielt.

Da **A** auf dem freien Betriebsgelände keine Deckungsmöglichkeit hat, macht er von seiner Schusswaffe Gebrauch und gibt in Richtung des Angreifers zwei Schüsse ab. Die Person am Zaun fällt zu Boden. Die hinzueilenden Kollegen des **A** stellen kurze Zeit später fest, dass die Person an der Außenseite des Zaunes getroffen und schwer verletzt worden ist. Sie leisten Erste Hilfe und informieren die Rettungskräfte.

Außerdem stellt sich heraus, dass es sich bei dem vermeintlichen Angreifer um den in der Nähe der Firma wohnenden **B** handelt, der sich auf einem Abendspaziergang befand. Kurz bevor **B** von den Schüssen getroffen wurde, wollte er offensichtlich wegen des beginnenden Regens seinen Regenschirm öffnen, der noch halb geöffnet am Zaun liegt.

Aufgabe:

Bewerten Sie das Verhalten des **A** in rechtlicher Hinsicht. Prüfen und beschreiben Sie dabei eingehend, ob der Schusswaffengebrauch gerechtfertigt war oder entschuldigt werden kann.

Vorüberlegungen:

Beim Umgang mit Schusswaffen ist stets besondere Vorsicht geboten. Wer eine Schusswaffe benutzt, muss wissen, dass auch bei Abgabe eines gezielten Schusses auf eine Sache oder eines zu Warnzwecken abgegebenen Schusses unbeabsichtigte (also teilweise unberechenbare) Folgen eintreten können. Diese Überlegungen erlangen bei späteren (straf-)rechtlichen Beurteilungen – insbesondere zur Schuldfrage – eine besondere Bedeutung.

Lösungsvorschlag:

In dem hier zu beurteilenden Beispielfall ist ein Mensch mittels einer Waffe schwer verletzt worden. Es ist deshalb zu prüfen, ob **A** ein Körperverletzungsdelikt begangen hat. Da **A** bewusst und gewollt geschossen hat, kann keine *fahrlässige Körperverletzung* gem. § 229 StGB angenommen werden. Sind dauerhafte Schäden zu erwarten, bspw. eine Lähmung, so wäre der Sachverhalt als schwere Körperverletzung nach § 226 StGB zu prüfen.

Objektiv tatbestandsmäßig ist hier von einer *gefährlichen Körperverletzung* gemäß § 224 StGB auszugehen. In Bezug auf die weitere Beurteilung eines strafwürdigen Verhaltens ist zu prüfen, ob sich **A** gemäß § 32 StGB in einer Notwehrsituation befand. Dazu ist festzustellen, dass aus der Sicht des **A** durchaus – insbesondere wegen der aktuell beschriebenen Sicherheitslage – von einem rechtswidrigen Angriff ausgegangen werden konnte, der auch gegenwärtig (unmittelbar bevorstehend) war. **A** hatte auch situationsbedingt keine andere Möglichkeit der Verteidigung, sodass sein Verhalten als erforderlich und verhältnismäßig zu bewerten ist. Objektiv und subjektiv hat für **A** also eine Notwehrsituation vorgelegen.

Da sich nun später herausstellt, dass seitens des **B** tatsächlich kein gegenwärtiger rechtswidriger Angriff vorgelegen hatte und damit objektiv kein Fall der Notwehr gegeben war, ist zu prüfen, ob das Verhalten des **A** als ein

Fall der „Putativnotwehr" (§ 16 StGB Irrtum über Tatumstände, vermeintliche Notwehr) zu entschuldigen ist. Dies ist nach der gegenwärtigen Rechtsauffassung dann anzunehmen, wenn der *Irrtum* für den **A** *unvermeidbar* war. Vermeidbar wäre der Irrtum, wenn dem **A** nachgewiesen werden könnte, dass er unter den gegebenen Umständen – also bei Berücksichtigung der Entfernung und der Lichtverhältnisse – hätte erkennen müssen, dass **B** kein Gewehr, sondern einen Regenschirm angehoben hat. Hierzu ergeben sich anhand des geschilderten Sachverhalts keine Anhaltspunkte.

Auch die Tatsache, dass es anfing zu regnen, dürfte in diesem Zusammenhang nicht als belastender Faktor für das Verhalten des **A** zu bewerten sein, da ein Attentäter bzw. Angreifer wegen derartiger Wetterverhältnisse seine Aktion kaum abbrechen würde. Insgesamt kann in dem vorliegenden Fall davon ausgegangen werden, dass **A** gemäß der im Schrifttum zitierten Rechtsauffassung „unvermeidbar irrig" gehandelt hat. Das Verhalten des **A** ist daher wegen „Putativnotwehr" (analoge Anwendung eines Notwehrexzesses gemäß § 33 StGB) entschuldigt. **A** hatte situationsbezogen keine Zeit, über mögliche Alternativen nachzudenken. Ihm ist deshalb auch kein strafrechtlich relevantes fahrlässiges Verhalten vorzuwerfen.

Fall 7 Ausspähen von personenbezogenen Daten und Betriebsdaten

Sachverhalt:

Der leitende Angestellte eines Technologiekonzerns (**X**) wird eines Tages während eines Fachseminars von dem Manager eines Konkurrenzunternehmens (**Y**) gefragt, wie hoch das Gehalt des Leiters des kaufmännischen Bereichs seiner Firma sei und welche Umsatzzahlen seine Firma in diesem Quartal erzielen werde. **X** teilt dem **Y** dazu mit, dass er dazu keine Angaben machen könne, da er keinen Zugang zu diesen Daten hätte.

Y sagt daraufhin einem Freund, dass er sich wohl geirrt hätte und **X** wohl doch nicht zu dem Kreis derer gehöre, die etwas zu sagen hätten. Es wurde nämlich schon erwogen, **X** ein lukratives Angebot zu machen, da in Kürze der Posten eines Geschäftsführers in der Firma des **Y** frei werde, aber diese Angelegenheit habe sich ja nun erledigt.

X wird von dem Freund des **Y** vertraulich über den Hinweis des **Y** informiert und beschließt daraufhin, sich die Daten über das Gehalt des kaufmännischen Leiters und die Umsatzzahlen zu beschaffen.

Eines Abends öffnet er nach Geschäftsschluss im Büro des Geschäftsführers mit einem Nachschlüssel den Schlüsselschrank, entnimmt den Spezialschlüssel für den Laptop des Geschäftsführers, ruft die Daten des kaufmännischen Leiters und über die Umsatzzahlen auf und kopiert die Daten auf einen mitgebrachten USB-Stick. Anschließend legt er den Schlüssel zurück, verschließt den Schlüsselschrank wieder und verlässt unbemerkt das Büro des Geschäftsführers. An einem der folgenden Tage fährt **X** zu **Y** und teilt ihm die Daten mit, nach denen **Y** während des Seminars gefragt hatte, und übergibt ihm den USB-Stick.

Nach einer wöchentlich programmierten Datensicherungsrecherche wird festgestellt, dass ein widerrechtlicher Zugriff auf die Datenbanken erfolgt ist. **X** kann kurze Zeit später als Täter überführt werden.

Aufgabe:

Gegen welche gesetzlichen Bestimmungen hat **X** tatbestandsmäßig verstoßen? Wie ist das Verhalten des **Y** rechtlich zu beurteilen?

Vorüberlegungen:

Im vorliegenden Fall ist zu prüfen, ob **X** wegen „unbefugten Ausspähens von Daten" (§ 202a StGB), wegen „Verrats von Geschäfts- oder Betriebsgeheimnissen" (§ 17 des Gesetzes gegen den unlauteren Wettbewerb – UWG) tatbestandsmäßig gehandelt und außerdem eine Ordnungswidrigkeit wegen eines Verstoßes gegen die gesetzlichen Bestimmungen des Bundesdatenschutzgesetzes (§ 43 BDSG) begangen hat. Weiter ist zu prüfen, ob sich **Y** wegen Anstiftung zu den genannten Tatbeständen oder möglicherweise als Täter gemäß § 17 UWG zu verantworten hat.

Lösungsvorschlag:

Nach der Sachverhaltsschilderung kann davon ausgegangen werden, dass die Sicherungsmaßnahmen in Bezug auf den Zugang zu den Räumen und zu dem Laptop, die der Geschäftsführer wahrzunehmen und zu verantworten hat, den Vorgaben der Datensicherung i. S. d. Datenschutzes entsprochen haben, sodass dies hier nicht näher zu prüfen ist.

Als leitender Angestellter der Firma dürfte das Verhalten des **X** in Bezug auf den Zugang zum Büroraum, in dem sich der Laptop des Geschäftsführers befand, nicht als „widerrechtliches Eindringen" zu bewerten sein, da kein derartiger spezieller Hinweis in dem Sachverhalt beschrieben ist, sodass kein Hausfriedensbruch gemäß § 123 StGB zu begründen ist.

Zum Verhalten des **X** ist festzustellen: **X** hat sich unbefugt Zugang zu gesicherten Daten beschafft. Bei den Daten zum Gehalt des kaufmännischen Leiters handelt es sich eindeutig um personenbezogene Daten, die nicht zu seiner Kenntnis bestimmt waren. Er hat sich außerdem unbefugt Angaben über die Umsatzzahlen beschafft. **X** hat damit den Tatbestand des Ausspähens von Daten gemäß § 202a StGB erfüllt. Im Falle der Mitteilung der Daten zu den Umsatzzahlen, die er einem Dritten mitgeteilt hat, handelte er zudem tatbestandsmäßig gemäß § 17 UWG und beging einen „Verrat von Betriebsgeheimnissen".

Zu den Tatbeständen des § 202a StGB und des UWG ist anzumerken, dass die Verfolgung gemäß § 205 StGB und § 17 UWG nur auf Antrag erfolgt.

Die Verfolgungsbehörde kann allerdings bei Vorliegen eines besonderen öffentlichen Interesses auch ein Einschreiten von Amts wegen für geboten halten.

Unabhängig von der Erfüllung der vorstehend beschriebenen strafrechtlichen Tatbestände hat **X** gemäß § 43 Abs. 2 Nrn. 3 und 5 BDSG und Art. 83 DSGVO gleichzeitig ordnungswidrig gehandelt. Es liegt insoweit ein sog. Mischtatbestand vor. Das heißt, wenn von einer strafrechtlichen Verfolgung abgesehen wird, kann gegen ihn auch ein Bußgeld verhängt werden.

Die bloße Frage des **Y** nach dem Gehalt des Leiters des kaufmännischen Bereiches des Konkurrenzunternehmens und den Umsatzzahlen des letzten Quartals erfüllen nicht den Tatbestand einer strafrechtlichen oder zivilrechtlichen Teilnahmeform.

Fall 8 Die teure eigenständige Entscheidung eines Zeugen

Sachverhalt:

Eines Nachts wird bei einer gut bewachten Firma eingebrochen. Der Täter wird noch vor Ort von drei Sicherheitskräften festgenommen, und das Diebesgut kann sichergestellt werden.

Einige Wochen später erhalten alle drei Sicherheitskräfte vom Gericht eine Ladung als Zeugen zu der Hauptverhandlung gegen den „Einbrecher". Einer der drei Zeugen (**A**) hält seine Ladung für überflüssig und sagt seinen Kollegen, dass er ja bereits bei der Kriminalpolizei vernommen worden sei und dem Gericht seine protokollierte Aussage vorliegen dürfte. Außerdem könne er zu dem Tatgeschehen auch nicht mehr aussagen als seine beiden Kollegen. Er betrachte seine Ladung daher als ein Versehen des Gerichts und verrichte lieber seinen Dienst.

Aufgabe:

Nehmen Sie Stellung, wie das Verhalten des **A** rechtlich zu bewerten ist und mit welchen Folgen **A** rechnen muss.

Vorüberlegungen:

Oftmals wird von Zeugen die Auffassung vertreten, dass eine Ladung für mehrere Zeugen, die objektiv den gleichen Sachverhalt wahrgenommen haben, nicht nachvollziehbar ist bzw. nicht notwendig erscheint. Hierzu wird nicht bedacht, dass auch in Fällen, in denen mehrere Zeugen bei ein und demselben Tatgeschehen zugegen waren, eine Ladung aller Zeugen jeweils wegen der unterschiedlichen Merk- und Aussagefähigkeit der einzelnen Personen begründet ist.

Lösungsvorschlag:

A war verpflichtet, der Ladung des Gerichts Folge zu leisten. Es besteht hier kein Ermessensspielraum für einen Zeugen, selbst darüber zu entscheiden, ob eine Ladung des Gerichts sinnvoll bzw. notwendig ist oder nicht.

Zu dem hier zu beurteilenden Beispielsfall ist festzustellen, dass **A** sein Fernbleiben nicht damit begründen kann, er sei der Meinung gewesen, dass die Anwesenheit seiner Kollegen als Zeugen ausgereicht hätte.

Die Folgen des Fernbleibens eines ordnungsgemäß geladenen Zeugen sind in § 51 StPO beschrieben. Bezogen auf das Verhalten des **A** ergibt sich, dass

1. seine zwangsweise Vorführung richterlich angeordnet werden kann,
2. ihm die durch sein Fernbleiben entstandenen Kosten auferlegt werden,
3. zugleich gegen ihn ein Ordnungsgeld festgesetzt und für den Fall, dass dieses Ordnungsgeld nicht beigetrieben werden kann, Ordnungshaft angeordnet werden kann.

In Bezug auf die Kosten bedeutet dies, insbesondere zu b), dass das Fernbleiben für **A** recht teuer werden kann, wenn die anderen Prozessbeteiligten entschädigt und ggf. erneut geladen werden müssen.

Fall 9 Werbung für eine politische Partei im Betrieb

Sachverhalt:

Die Sicherheitskräfte **A** und **B** stellen während ihres nächtlichen Streifengangs fest, dass zwei ihnen unbekannte Männer (später identifiziert als **X** und **Y**) an der Fassade neben dem Eingang zur Werkhalle ihrer Firma Wahlplakate einer politischen Partei ankleben.

Mit dem Hinweis, dass das Anbringen von Wahlplakaten im Betrieb unzulässig sei, fordern **A** und **B** die Männer auf, das Anbringen weiterer Plakate zu unterlassen, die bereits angeklebten Plakate zu entfernen und sich auszuweisen. Die beiden Männer setzen ihre Tätigkeit jedoch fort.

X erklärt, dass er und sein Kollege Angehörige des Betriebsrats seien und in dieser Eigenschaft die Belegschaft der Firma anlässlich der bevorstehenden Wahl über das Programm der ihnen nahestehenden Partei informieren wollen.

Da **X** und **Y** der erneuten Aufforderung, sich auszuweisen und ihre Tätigkeit einzustellen, nicht nachkommen, nehmen ihnen **A** und **B** trotz heftiger Gegenwehr unter Einsatz körperlicher Gewalt die Eimer mit Klebstoff und die Bürsten weg. **X** und **Y** geben nunmehr ihren Widerstand auf und folgen der Aufforderung, mit in das Pfortenbüro zu kommen. Sie weisen sich als Mitglieder des Betriebsrats aus.

Aufgabe:

Nehmen Sie Stellung, ob das Anbringen von Plakaten mit parteipolitischen Aufschriften innerhalb des Betriebs verboten ist. Waren **A** und **B** berechtigt, ein weiteres Ankleben von Plakaten durch die Wegnahme von Klebstoff und Bürsten zu verhindern?

Lösungsvorschlag:

Bei der Plakataktion des **X** und **Y** handelt es sich um eine politische Meinungsäußerung. § 74 Abs. 2 BetrVG verbietet jede parteipolitische Betätigung des Arbeitgebers und des Betriebsrats im Betrieb. Jegliche Art von Werbung für politische Parteien ist im Betrieb nicht zulässig. Alle parteipolitischen Meinungsäußerungen sind zu unterlassen, da die Gefahr besteht, dass dadurch der Betriebsfrieden gestört wird. **X** und **Y** haben gegen diese Bestimmungen verstoßen. Die Sicherheitskräfte haben u. a. die Aufgabe, alle Aktivitäten, die den Betriebsfrieden gefährden, abzuwehren.

X und **Y** begingen durch das Plakatieren ohne Einverständnis des Besitzers eine Besitzstörung und handelten somit gemäß § 858 BGB in „verbotener Eigenmacht". Nach § 859 BGB darf sich der Besitzer der verbotenen Eigenmacht auch mit Gewalt erwehren. Die dem Besitzer zustehenden Rechte stehen gemäß § 860 BGB auch dem Besitzdiener zu. Die Sicherheitskräfte üben gemäß § 855 BGB die tatsächliche Herrschaft über eine Sache für einen anderen in dessen Erwerbsgeschäft aus. Sie sind somit Besitzdiener. Die Wegnahme des Klebematerials durch **A** und **B** war also rechtmäßig.

Fortsetzung des Sachverhalts:

Auf Vorhalt, wie sie überhaupt in das Betriebsgelände gelangt seien, da das Tor ständig bewacht werde, geben **X** und **Y** an, dass sie beim Betreten der Firma nicht auffallen wollten und deshalb nach Eintritt der Dunkelheit an einer nicht einsehbaren Stelle den Maschendrahtzaun heruntergerissen und dann das Firmengelände betreten hätten.

Am anderen Morgen wird bei Tageslicht festgestellt, dass die Fassade am Eingang der Werkhalle durch das Ankleben der Plakate verschmutzt ist und neu gestrichen werden muss.

Aufgabe:

Wie ist das widerrechtliche Betreten des Betriebes zum Zwecke des Anbringens der Plakate, die Beschädigung des Zaunes und der Fassade der Werkhalle durch **X** und **Y** strafrechtlich zu beurteilen?

Lösungsvorschlag:

Bei dem Firmengelände, das gegen unbefugtes Betreten durch einen Maschendrahtzaun gesichert ist, handelt es sich um ein „befriedetes Besitztum". **X** und **Y** waren nicht befugt, außerhalb der üblichen Arbeitszeit die Firma über den heruntergerissenen Zaun zu betreten. Sie sind somit „widerrechtlich eingedrungen". Sie handelten auch bewusst und gewollt und damit vorsätzlich.

Ihr Verhalten erfüllt den Tatbestand eines Hausfriedensbruchs gemäß § 123 StGB. Der firmeneigene Zaun und die Werkhalle sind „körperliche Gegenstände". **X** und **Y** beschädigten den Maschendrahtzaun, um in das Firmengelände zu gelangen. Durch das Ankleben der Plakate beschädigten sie außerdem die Fassade der Werkhalle. **X** und **Y** haben somit bewusst und gewollt (also vorsätzlich) eine fremde Sache beschädigt, ihr Verhalten erfüllt den Tatbestand einer Sachbeschädigung gemäß § 303 StGB.

Zur Strafverfolgung des Hausfriedensbruchs und der Sachbeschädigung ist gemäß § 123 Abs. 2 StGB und § 303c StGB jeweils ein Strafantrag erforderlich.

Im Falle der Sachbeschädigung kann allerdings die Strafverfolgungsbehörde öffentliches Interesse an der Strafverfolgung feststellen und die Verfolgung von sich aus als geboten ansehen, ohne dass ein Strafantrag des Geschädigten vorliegt.

Fall 10 Alkoholgenuss während der Arbeitszeit

Sachverhalt:

An einem normalen Arbeitstag, gegen 07:00 Uhr, teilt der Hausmeister **X** dem Sicherheitsdienst mit, dass er soeben gesehen habe, wie der Beschäftigte des Werkschutzes **Y** an der Rückseite des Betriebs über den Werkszaun gestiegen sei, um offensichtlich der Kontrolle durch den Pfortendienst vor seinem Schichtbeginn zu entgehen. Zeitgleich wurde der Sicherheitszentrale gemeldet, dass sich am Eingang zur Versandabteilung ein Unfall ereignet habe. Ein Beschäftigter sei gestürzt und habe sich dabei am Kopf verletzt. Eine sofortige Überprüfung durch die Streife ergab, dass es sich bei dem Beschäftigten um den Kollegen **Y** handelt, der bereits zur ärztlichen Versorgung zum Betriebsarzt gebracht wurde. **Y** hatte zu diesem Zeitpunkt einen kleinen Rucksack bei sich, in dem sich zwei Flaschen Weinbrand befanden; eine dieser Flaschen war bereits angebrochen und nur noch drei viertel voll. Der Atem des **Y** roch außerdem stark nach Alkohol. Bei der ärztlichen Untersuchung ergab sich, dass **Y** offensichtlich infolge seiner Trunkenheit gestürzt war.

Aufgabe:

Geben Sie an, gegen welche Vorschriften **Y** verstoßen hat und mit welchen Folgen er rechnen muss.

Lösungsvorschlag:

Y hat offensichtlich vor und während der Dienstzeit alkoholhaltige Getränke zu sich genommen. Tatbestandsmäßig liegt damit ein Verstoß gegen die Unfallverhütungsvorschrift DGUV Vorschrift 23 vor, denn gemäß § 5 DGUV Vorschrift 23 ist der Genuss von alkoholischen Getränken während der Dienstzeit verboten. Bei Dienstantritt muss zudem Nüchternheit gegeben sein.

Sein Verhalten stellt gemäß §§ 2, 5 und 28 DGUV Vorschrift 23 i.V.m. § 209 Abs. 1 Nr. 1 Siebtes Sozialgesetzbuch (SGB VII) eine Ordnungswidrigkeit dar. **Y** muss daher mit einem Bußgeld rechnen. Da die Kosten für eine ärztliche Versorgung durch sein ordnungswidriges Verhalten entstanden sind, ist eine Kostenübernahme durch den Versicherungsträger nicht gegeben. **Y** muss diese Kosten deshalb selbst tragen und kann auch für den Arbeitsausfall kein Entgelt von seinem Arbeitgeber beanspruchen.

Arbeitsrechtlich ist zu prüfen, ob **Y** krankhafter Alkoholiker ist oder ob es sich um einen „einmaligen Verstoß" handelt. Als Maßnahmen seitens des Arbeitgebers wären eine Abmahnung oder eine fristlose (ggf. krankheitsbedingte) Entlassung angemessen.

Stichwortverzeichnis